検証 財界

中西経団連は日本型システムを変えられるか

読売新聞経済部

中央公論新社

目次

第四章　春闘

第七章　中小企業、地方経済……189

▽　本書は「読売新聞」に二〇一八年一〇月から二〇二〇年一月まで連載された「解剖　財界」をもとに、書籍化にあたって大幅な加筆を施し、改題したものです。
▽　本文中に登場する方々の肩書き・年齢は新聞に掲載された時点のものです。また敬称は原則として略させていただきました。

検証　財界

中西経団連は日本型システムを変えられるか

プロローグ　改革を加速する中西経団連

二〇二〇年の幕開けとともに、中国に端を発した新型コロナウイルスの感染が各国に拡大し、世界保健機関（WHO）は三月一一日、「パンデミック（世界的な大流行）」と表明した。「世界経済は金融危機（二〇〇八年のリーマン・ショック）以来最大の危機に直面している」。経済協力開発機構（OECD）が警告を発したのは、その九日前にあたる二日だった。人、モノ、サービスの移動が広く制限され、企業や消費者の心理が悪化して経済活動がしぼむとの懸念は、「大流行」により一段と深刻度を増す。先が見えない不安が世界を覆い、各国の市場で株価の乱高下が続いた。

「感染症をねじふせる色んな対策を、民も官も力を合わせて全力を投入してやっていくべきだ」

経団連会長の中西宏明は、九日の記者会見で語気を強め、交通、観光業界や中小企業の資金繰りなどで「すでに深刻な影響が発生している」と指摘した。日本の代表的な企業約一四〇〇社と約一五〇団体などで構成する経団連。その使命の一つに「経済界が直面する内外の広範な重要課題について、経済界の意見を取りまとめ、着実かつ迅速な実現を働きかける」ことを掲げる。迫り来る危機の悪影響を最小限に抑えて経済の混乱を防ぐため、「財界総本山」に出来ることは何か――。

政府の要請を受ける形で、五日に従業員の雇用維持を、一二日には個人事業主やフリーランスとの取引への配慮を会員企業に呼びかけた。政府による要請の背景には、ＯＥＣＤが言及したリーマン・ショックで、不況に陥った大手の製造業が非正規の労働者らをリストラする「派遣切り」が横行したことがある。

しかし、今回の「新型コロナショック」が、果たしてどこまで企業の業績や雇用に打撃となるかは見通せず、呼びかけがどこまで実効性を伴うかは不明だ。訪日客が激減した三越伊勢丹ホールディングス（ＨＤ）や乗客数が減ったＡＮＡＨＤとＪＲ東日本、中国の需要縮小にあえぐ日本製鉄。ダメージを受け始めているのは、経団連の副会長一八人の出身企業も例外ではない。

◇

歴史を振り返ると、感染症は流行するたびに社会を変えてきた。一九世紀から二〇世紀初めにコレラが世界的な大流行を繰り返したことで、水道の整備など公衆衛生を充実させる動きが広がり、大航海時代の一五～一六世紀に流行した天然痘は、欧州から米大陸に持ち込まれ、アステカ王国とインカ帝国滅亡の一因となった。

二一世紀の今、新型コロナウイルスの感染拡大は、経済活動のあり方や人々の働き方に変容をもたらし始めている。二〇二〇年三月一七日、経団連の最終意思決定機関となる幹事会は、約七五年の歴史で初めて、書面による開催となった。通常は、経団連会館に会員企業などの幹部約三〇〇人が集まって開くが、この日審議するはずだった政策提言案を書面で送り、異議があれば申告するスタイルをとった。

二月以降、経団連の事務局はもちろん、会員企業の多くが、時差出勤やテレワークを導入した。経団連が二～三月、会員企業を対象に行った緊急調査では、回答した約四〇〇社の六八・六％がテレワークを実施済みか実施予定で、九割以上が時差出勤を実施・実施予定とした。

賃金引き上げを主要テーマに、各企業が毎年春、一斉に要求・回答を行う交渉「春闘」のあり方も様変わりさせた。日本労働組合総連合会（連合）は例年開催する一〇〇〇人以上の大規模集会を中止し、インターネットを通じて連合の神津里季生《りきお》らが抱負を述べる「デジタル集会」に切り替えた。

三月中旬、大企業の集中回答日では、日立製作所や三菱電機など電機大手六社の妥結額はばらついた。要求段階では、基本給を底上げするベースアップ（ベア）を前年の月額一〇〇〇円の三倍以上となる「三〇〇〇円以上」とすることで足並みをそろえたが、電機大手で慣例だった「統一交渉」の横並びが崩れた。高い利益を見込むトヨタ自動車は七年ぶりの「ベアゼロ」に踏み切った。「脱・横並び」はもともと、一八年五月に経団連会長に就任した中西が、掲げてきたテーマの一つだ。自らが会長を務める日立は今回、一五〇〇円を回答した。中西は、横並びの集団交渉ではなく、各社の業績に沿って賃上げすべきだというのが持論。今回の春闘では、「新型コロナショック」による業績下振れ懸念が、中西の持論である横並びからの脱却を後押しした。

労使交渉だけではない。中西は、新卒一括採用や終身雇用制度、年功型賃金といった「日本型システム」について見直しの必要性を繰り返し主張してきた改革派だ。社会的課題を先端技術で解決する成長戦略「Ｓｏｃｉｅｔｙ（ソサエティー）５・０」を提唱し、デジタルトランスフォーメーション（ＤＸ、デジタル革新）も推し進めようとしてきた。

コロナウイルスが猛威を振るう今、就活情報会社が実施してきた新卒採用向けの合同企業説明会が次々と中止になり、ウェブ説明会や面接が導入されたほか、特定の時期に集中して選考する一括採用を見直し、分散化する動きも出てきた。テレワークやテレビ会議といった働き方の変化もＤＸの一例といえる。グローバル化とデジタル化で、変化のスピードが加速する中、改革は待ったなしというのが中西の問題意識。そこへやってきたコロナショックが皮肉にも、中西改革のスピードを上げている。改革が時代を先取りしたかのようにも映る。

◇

中西自身も改革の手を緩めない。一九年一一月初旬には、ＤＸ推進に向けた会議を設置して、自ら議長に就任し、二〇年三月に発表した経団連の首脳人事では、四〇代の若手ベンチャー経営者を幹部とする異例の登用を発表した。

実は、中西は一九年、リンパ腫であることを自ら公表し、約三か月の入院生活を経験している。経営者の多くは病名を厳秘とする中、「隠しても仕方ない」と話し、九月上旬に、経団連担当の記者たちの前に、約一〇キログラムは痩せた病み上がりの姿で現れたばかりだった。病気が判明した際には周囲に「これが寿命か。いつ辞めてもいいいな」ともらした中西は、退院後、二〇年一月には世界経済フォーラム年次総会（ダボス会議）出席のためスイスに出張し、講演活動も入院前以上に精力的にこなすなど、「何かにとりつかれたかのよう」（周辺）に財界活動を一段と加速させた。

同年三月に七四歳を迎えた中西を何が突き動かすのか。東京大学工学部時代の同級生の一人で名古屋大学名誉教授の谷本正幸は、「どんな環境にあっても現状に疑問を持ち、改革を志す姿勢は学生時代から一貫している」と評する。一九六〇年代後半、学園紛争に荒れる東大に入学した中西は、学科のリーダーとして大学当局との交渉にあたったこともある。経済人として最高の名誉とされる経団連会長になった後も、世間を挑発するような発言で問題を提起し、議論を主導して解決策を導こうとする様は、若き日の姿に重なるという。

土光敏夫ら歴代一一人の財界総理に仕え、現在は事務方トップとして中西を支える事務総長の久保田政一《まさかず》は、「経団連会長は、時代に選ばれる」と断言する。中西経団連は、感染症に端を発した未曽有の危機に直面しつつ、日本型システムの大変革を進め、成長を実現するという難題に立ち向かう。

読売新聞東京本社経済部次長　越前谷知子

第一章　経団連

1　復権へ　中西流改革

東京・大手町の経団連会館。臨時国会召集を翌日に控えた二〇一八年一〇月二三日、自民党衆院議員の小泉進次郎ら超党派の若手国会議員約一〇人が経団連会長の中西宏明を訪ねた。「国会改革に賛同してほしい」。かねての持論を中西にぶつけた小泉。三〇分の会談の後、記者団の前で二人は意気投合した様子をアピールした。

中西「意見交換を広げていきたい」

小泉「中西会長のリーダーシップで波紋を起こし、（問題を）投げかけないと世の中は変わらない」

親子ほど年が離れた二人は、去り際に固く握手した。「財界の総本山」と呼ばれる経団連。そのトップが与党の重鎮や閣僚以外と公式に会談するのは異例だ。ましてや小泉は、九月の自民党総裁選で安倍晋三と対立した石破茂に投票した。さざ波が経団連の加盟企業に広がった。

◇

閣僚を国会審議に縛りつけず、外遊の自由度を高める。党首討論を夜に行い、テレビ中継を通じて国民に訴えかける……。小泉が唱える国会改革には、「旧弊打破」への意志がのぞく。その応援団として小泉が見定めたのは、常識にとらわれず改革の発信に努めようとする経団連会長の中西だった。

一〇月二三日の小泉‐中西会談には伏線があった。五日、経団連会館。小泉の呼びかけで、中西らごく少数の経団連幹部が、ひそかに小泉らと朝食を囲んだ。このときに二人は意気投合した。

「改めてメディアの前で賛同の意を示してほしい」。小泉の求めに沿った二三日の会談は、小泉が「財界の総本山」のお墨付きを誇示する場となった。

「九月三日以来のサプライズだ」。経団連副会長の一人はそう漏らす。前回のサプライズとは、中西が記者会見の場で突如、経団連が定めた就職・採用指針を廃止したいという意向を表明したことだ。経済界のみならず、政府や大学への根回しは済んでいなかった。

衆院議員らと会談後、自民党の小泉進次郎衆院議員（右）と握手する中西宏明・経団連会長（2018年10月23日午後、経団連会館で）

結局、中西は一部の慎重論を押し切る形で、指針を一か月で廃止させた。グローバル展開する日立製作所のトップを務め、人材獲得競争の厳しさを体感してきた。日本企業の新卒採用への偏重に違和感を覚えるのは当然だった。世間の反響に誰よりも驚いたのは、実は中西自身だったが、周囲に「結果オーライだ」と語った。

今回は、より事情が複雑だ。安倍内閣と距離を置く小泉への接近に、経団連関係者は気をもむ。

経団連と政治の関係

主な会長(出身企業)	主な首相
初代1948〜56年 石川一郎(日産化学工業)	鳩山一郎など
2代56〜68年 石坂泰三(東京芝浦電気)	
7代 90〜94年 平岩外四(東京電力) 	宮沢喜一、細川護熙など
10代 2002〜06年 奥田碩(トヨタ自動車) 	小泉純一郎
11代06〜10年 御手洗冨士夫(キヤノン)	安倍晋三、福田康夫、麻生太郎、鳩山由紀夫
12代10〜14年 米倉弘昌(住友化学)	安倍晋三など
13代 14〜18年 榊原定征(東レ) 	
14代18〜22年 中西宏明(日立製作所)	

経団連の最も重要な役割は、産業界の意向を政策に反映させることだ。政治との距離の取り方には神経を使う。前会長の榊原定征《さだゆき》は、安倍内閣との関係を「車の両輪」にたとえた。小泉が父・純一郎と同様に「脱原発」を模索してきたことも無縁ではない。経団連には原発関連企業が多い。中西の母体である日立も原子炉メーカーだ。

◇

日本最大の利益集団。そういう性格を経団連は併せ持つ。かつては莫大《ばくだい》な資金力を背景に政治にもの申した。「財界総理」が経団連会長の尊称だった。一九五六年、第二代会長の石坂泰三は、自民党内の抗争に健康不安が重なった首相の鳩山一郎に公然と退陣を迫った。その後、鳩山は退いた。

バブル期には、会員企業や業界団体による政治献金は一〇〇〇億円を超えた。鉄鋼、自動車といった重厚長大企業が中核をなす利益集団は「KEIDANREN」として海外でも名をはせ、終身雇用や年功序列賃金といった日本型経営を推進する象徴と理解された。

だが、二〇〇〇年代に入ると、経済のグローバル化に合わせる形で影響力は低下する。第二次安倍内閣が発足した一二年、「経団連会長の指定席」とされた経済財政諮問会議の民間議員に、当時会長だった米倉弘昌は選ばれず、存在意義が問われる事態となった。

政府との対立がささやかれた米倉の後を継いだ榊原は、政府が賃上げの旗を振る「官製春闘」に協力し、自民党への献金を呼びかけた。だが、政策面では政府に押し切られる場面が続く。経団連が強く求めた消費増税は二度延期され、産業界は子育て支援などとして三〇〇〇億円の拠出を求められることになった。

◇

経団連会館の二三階にある会長執務室。中西が部屋の主《あるじ》になった一八年五月、卓上に初めてパソコンが備えられた。中西は事務局の役員やその部下らに、メールで施策の進展状況などを問う。部屋でパソコンを操る財界総理はいなかった。

メールを受け取った職員の一人は言う。「最初は本当に驚いた。これが中西さん流だ。主に紙でやり取りしてきた職員の働き方も変えようとしている」

小泉との会談を控えた一〇月二三日早朝。中西は、東京都内のホテルで開かれた自民党執行部との朝食会に出た。その場で中西はこう言った。「自民党の政策と経団連の考えは、ほとんどベクトルが一致している」。若手、ベテランを問わず、政治とは幅広く付き合う。単なる改革派ではない老練さもまた、中西流だ。

◇

異例と呼ばれた会談から一年余り過ぎた一九年一一月二九日、同じ経団連会館四階で中西と小泉は再び向かい合った。小泉の肩書は環境相に替わった。

会談は、翌月に控えた国連気候変動枠組み条約第二五回締約国会議（ＣＯＰ25）に向けた意見交換が目的だ。環境省は温室効果ガスの排出削減に取り組む「脱炭素」の旗振り役。二人は前回の会談と同様に、強く握手して蜜月ぶりをアピールしたものの、この日は中西側の攻めの姿勢が目立った。

「環境問題は今や経済成長や日本の産業を考える上で大きな前提条件。脱炭素社会に向けてイノベーションを進める必要がある」

こう言った中西はしかし、二酸化炭素排出量に応じて課税する「カーボン・プライシング」の導入や拡大には慎重姿勢を崩さなかった。すでに国際的に見ても高水準にある日本のエネルギー価格がさらに押し上げられる懸念があるからだ。

実際、一九年四月に首相官邸が主導してまとめたパリ協定長期成長戦略懇談会の提言で、石炭火力発電は「依存度を可能な限り引き下げることに取り組む」との文言に落ち着いた。当初の原案では「長期的には全廃の方針」と明記されていたが、中西だけでなく、ともに同懇談会の委員を務める日本製鉄会長の進藤孝生、トヨタ自動車会長の内山田竹志が強く反対したためとされる。進藤は現職の経団連副会長、内山田も一七年まで同職を務めている。

小泉はこの日の会談で、石炭火力発電の輸出制限を強化することについて、経団連の同意を取り付けることをひそかに期待していた。ＣＯＰ25の演説で日本の取り組みとして表明するという算段だった。

結局、小泉は経済界を説得できず、スペインのマドリードで開幕したCOP25で行った演説では「脱石炭」を明言できなかった。温室効果ガスの削減目標の引き上げにも触れなかった。英仏独といった主要国は将来の石炭火力発電の全廃方針を打ち出し、「脱石炭」をいかに進めるかが議論の中心だったのと比べると周回遅れだ。現地で活動する国際NGOからは「化石賞」を与えられるという不名誉がニュースとして日本でも報じられた。

経済3団体首脳の顔ぶれ　※カッコ内は出身企業

Q&A

Q　経団連とは？

A　正式名称は、日本経済団体連合会。終戦直後の一九四六年に、日本経済の再建を目的に設立された。二〇〇二年に日本経営者団体連盟（日経連）と統合した。

「財界総本山」とも称される。経済同友会、日本商工会議所とともに「経済三団体」の一角を占めるが、経団連の影響力が際だって大きいからだ。現在は東証一部上場の大企業を中心に約一六〇〇社・団体が加盟する。東証一部上場企業は約二二〇〇社で、「経団連に入るのは上場するよりステータスが高い」とも言われる。「三期以上連続で最終利益が赤字ではない」、「過去三年間に重大な不祥事がない」といった入会資格を掲げている。経団連の主要な役職を務めている「幹事」二人の推薦状も必要だ。

Q　どんな活動をしているのか？

A　政府への政策提言のほか、毎年の春闘で産業界全体の賃上げ方針を示している。大学生らを対象とする就職・採用活動の指針を独自に定めていたが、一八年一〇月九日に廃止を決めた。

政治への影響力が最も大きいのは政治献金だ。一九五五年に経団連が各企業に政治献金を割り振る「あっせん」方式が始まり、長年、自民党政権を支えた。細川政権が発足した九三年にあっせん方式を廃止し、その後は会員企業に対する献金呼びかけの取りやめと再開を繰り返している。

Q　どうやって運営するのか？

A　企業からの出向者を含め職員数は約二三〇人。運営費は主に会員企業の会費で賄われている。会長、副会長の出身企業は、会費や政治献金、各種活動への寄付金など年間で少なくとも数千万円単位の費用を負担しているとされる。かつては、会長就任に際し、出身企業から数十人の専属のスタッフを引き連れることもあった。会長の出身企業の負担は年間数億円に上るともされた。しかし、最近は負担を軽くする傾向が強まっている。

2　「一流企業の証し」今は昔

二〇一七年一一月上旬。米ワシントンの商務省を訪れた経団連会長の榊原定征ら一行は、不快感を隠さなかった。商務長官のロスとの会談が当日、突然キャンセルされた。理由は「日程の都合」と知らされ、代わりの相手は、国際通商担当の次官代行、ハーナンデス。ロスとの「格」の違いは歴然だった。「我々のカウンターパート（相手）ではない」

米トランプ政権が貿易相手国への要求を強めるなか、ロス本人に、日本企業の米経済への貢献度をアピールするための訪米だった。五か月前から準備した冊子は「Ｋｅｉｄａｎｒｅｎ」と誇らしげに表紙に掲げ、英文で「日本企業は米国に八五万の直接雇用を生んだ」と主張を連ねた。だが榊原がロスに直接手渡すことはできなかった。ロスの「ドタキャン」に、幹部の一人は「ＫＥＩＤＡＮＲＥＮのネームバリューはもはや通用しないのか」と肩を落とした。

同じ一一月の下旬、榊原は数十人の記者らの前で頭を下げた。「会長として法令順守の徹底を呼びかける中、自分のひざ元でも発生し重く受け止めている」

一七年秋、神戸製鋼所や三菱マテリアルなど名だたる製造業企業で次々と検査データや品質管理の不正が発覚。榊原の出身、東レも子会社で製品のデータ改竄《かいざん》が明らかになった。

長年、経団連が支えてきた「モノづくりニッポン」の名声が揺らぎかねない。そう考えた榊原は、すべての会員企業に自主点検を促した。その結果、二〇社以上で不適切な事例が判明した。そのなかには、榊原の後を継ぎ経団連会長に就く中西宏明の出身、日立製作所もあった。榊原からバトンを受け取った中西は一八年六月、「品質問題は終わりのない経営課題」と日本企業の信頼低下に危機感を示した。

◇

およそ一六〇〇の企業と業界団体が加盟する経団連。高度成長期は、重厚長大とされる製造業の大手企業が多くを占め、日本経済を牽引《けんいん》する企業のトップ集団として威光をはなった。

トヨタ自動車や新日本製鉄（現、日本製鉄）出身の会長が率いる訪問団を組み、海外の要人と会談で渡り合う「経済外交」の仲間に入るのは、一流企業の証《あかし》でもあった。「昔は企業側から入会を希望してくるのが当たり前」（経団連幹部）。入会は東京証券取引所への上場より難しいとされた。

その威光に陰りが出ているのは、高品質にこだわる日本企業というブランドが色あせ始めていることと無関係ではない。デフレ不況が長く続き、経団連の中核だった重厚長大企業はかつての力を失い、本業への集中を迫られた。東芝や東京電力は経営不振で財界活動を縮小した。

若者たちが軽やかに転職する時代。経団連が守ってきた年功序列賃金や終身雇用といった慣行が崩れていることも大きい。経団連の求心力低下に気付いた榊原は、外の風を求めた。

榊原が白羽の矢をたてたのは、ディー・エヌ・エー（ＤｅＮＡ）会長の南場智子。「ワシントンの屈辱」より一〇か月前の一七年一月、東京・大手町の経団連会館で榊原は、南場に経団連への入会を求め、説得を試みた。初の女性副会長候補とも示唆した。新興企業トップからの就任は異例の厚遇のはず――。だが南場は首を縦に振らなかった。

榊原がなしえなかった改革をいま、中西が担う。経団連は一八年一一月、入会資格を大幅に緩和し、企業の純資産額の要件を「一〇億円以上」から「一億円以上」に引き下げた。ベンチャー企業にハードルが高い基準なら見直せばいい。中西の意向を踏まえた。

だが、ベンチャー企業にしてみれば、入会のメリットが見えづらい。新しい経団連の絵姿を中西はどう描くのか。

Q&A

Q　この半世紀で産業構造はどう変化したか?

A　高度成長期は製造業の存在感が大きく、一九七〇年の名目国内総生産（GDP）に占める製造業などの二次産業の割合は四五%だった。二〇一七年は三割未満に低下し、代わりに流通や金融、情報・サービス業などの三次産業は四九%から七割超に拡大した。経済活動の中心は非製造業に移ったといえる。

Q　経団連への影響は?

A　一九四六年の設立当初、製造業企業が運営の中心だった伝統が長く引き継がれた。だが、会員数は八〇年度の約九三〇社・団体から現在は約一六〇〇社・団体に増え、金融やサービス業の企業など顔ぶれは多彩になった。

会長の中西宏明は、就任前から「ソサエティー5・0」を提唱してきた。先端技術を活用した未来社会を目指す構想で、二〇一七～一九年の政府の成長戦略で政策の柱となっている。経団連のなかでも今後、ＩＴ（情報技術）企業の存在感が強まるとみられる。

3 「副会長」には尽きぬ志望者

電機大手テコットの会長となった島耕作は、経団連ならぬ「経済連」副会長への就任を固辞した。弘兼憲史の人気漫画「会長 島耕作」シリーズの一コマだ。経済を発展させ、国益にも寄与する団体ではなくなっている――。島が「経済連」を退会して財界活動の場としたのは、「経済交友会」だった。そのモデルとされる経済同友会は経済三団体の一つで、自由な議論を重んじる。改革を進めてきた島らしい選択だ。

現実の世界では、逆のことが起きている。東京海上ホールディングス会長の隅修三は二〇一八年春、経済同友会で首脳級のポストとなる副代表幹事を任期途中で退任し、経団連の副会長に就任した。一五年には日本生命保険会長の岡本圀衛《くにえ》が、やはり同じ道を選んでいた。

互いに任期途中の首脳クラスは引き抜かない。経済三団体の不文律だ。岡本と隅の「くら替え」は掟《おきて》破りといえる。その理由は、経団連と他の二団体の圧倒的な地位の差という見方で一致している。

◇

経団連の副会長一八人は、会長とともに首脳級に位置づけられる。首相の外遊や経済の難局に合わせて訪問団を組み、海外に赴く。出向いた先の政府や経済人に直言する。そんな海外ミッションは「財界活動の最高峰」。企業役員やOBの共通認識だ。

叙勲の対象にもなりやすい。副会長経験者では一九年に三井物産出身の槍田《うつだ》松瑩《しょうえい》、日本生命保険出身の岡本圀衛、JX日鉱日石エネルギー出身の木村康が「旭日大綬章」を受章した。住友化学出身で会長経験者の米倉弘昌が一五年に受章したものと同じだ。会長職ほど負担なく名誉にあずかれるため、「叙勲欲しさに財界活動をする人はいる」(関係者)。だから、志望者は尽きない。

経済同友会の正副代表幹事一六人の三分の二以上は、出身企業が経団連にも加盟している。首脳のくら替えは、経済団体の違いが薄れている表れとも言える。全国約一二五万の中小企業を傘下に抱える日本商工会議所会頭の三村明夫も日本製鉄名誉会長で、大企業出身者だ。

引き合いが強い副会長に比べ、会長人事はここ数回、迷走する場面が目立つ。

一三年秋、第一二代会長の米倉弘昌から後任に就くよう打診された日立製作所会長の川村隆。「経団連でご奉公しても日本の役にどう立てるのかしら」。川村が固辞した契機は、妻の一言だったとささやかれる。

日立初の経団連会長は川村——。そんな観測が経団連内部に流れていただけに、人事は混迷を極めた。三菱重工業の佃和夫。トヨタ自動車の内山田竹志。様々な名前が浮かんでは消えた。

最大のネックは「会長は製造業出身者が就く」という暗黙のルールだ。副会長は金融や流通など業種に幅があるが、トップについては「重厚長大」に財界人たちがこだわった。結局、すでに経団連副会長を退任していた東レ会長の榊原定征を起用することで決着した。経団連第八代会長を務め、名古屋大学工学部の大先輩でもあるトヨタの豊田章一郎ら財界の重鎮たちが説得し、榊原は折れた。経団連首脳には共通点がある。全員が六〇歳以上の日本人男性。サラリーマンでトップに上り詰めた「生え抜き」の経営者だ。その同質性には批判が根強い。

会長は、後任や副会長を選ぶ事実上の権限を持つ。榊原は一五年春、旧態依然とした体制を変えようと、初の女性副議長に英通信大手BTの日本法人社長の吉田晴乃に白羽の矢を立てた。副議長は首脳クラスに次ぐ。吉田は率直な発言を繰り返し、評判となった。

その榊原も、自身の後任人事では、従来の「会長の条件」をクリアした中西宏明を選んだ。

◇

中西は一九年春に、副会長一八人のうち交代する六人を初めて自ら選んだ。改革派の人事として注目されたが、バランス重視で、新味に乏しい人事となった。内訳は、住友商事会長の中村邦晴、三菱UFJフィナンシャル・グループ社長の平野信行、三菱ケミカルホールディングス社長の越智仁、第一生命ホールディングス会長の渡辺光一郎、NTT会長の篠原弘道、コマツ社長の大橋徹二。五月三〇日の定時総会を経て就任し、任期は慣例で二期四年だ。

中西は、IT化を通じて暮らしやビジネスの改善を図ることを意味するデジタルトランスフォーメーション（DX）の重要性を説いて回っていた。そのための組織改革には、①女性、②IT、③ベンチャーといった新味のある経営者の登用が必要と考えた。

経団連に副会長を輩出する企業としての社格や、年数千万円ともされる財界活動費を負担できる資金的な余裕があるのは、「ＩＴ大手ディー・エヌ・エー（ＤｅＮＡ）の南場智子会長しかいない」。財界関係者の一致した見方だった。ＤｅＮＡは経団連の会員企業ではないが、前経団連会長の榊原定征も副会長就任を二度打診した経緯がある。

中西は周辺に「俺は仲がいいから」と豪語して、「三度目の正直」に自信を見せた。だが、中西の訪問を受けた南場の返事はつれなかったという。「経団連に伺ってお返事します」。南場が断る際の決まり文句である。

一九年二月一二日の記者会見で、中西は具体的な候補に触れなかったが、「相応の手順や周囲の納得が必要。今年に入会したら、すぐ副会長就任をお願いするのは無理がある」と述べ、経団連の慣例が女性登用のハードルになったとの思いをにじませた。

今回の人事では、平野は同じ企業で順送り、中村は三井物産の商社枠、越智は同業の住友化学の枠を引き継いだと受け止められている。結果として新たな六人は、前身を含めていずれも過去に副会長を出した企業の出身で「初」はなし。起業家もおらず、サラリーマンとして順当に昇進した経営者という「同質性」が色濃くなった。新任六人を含めると正副会長は全員が六〇歳を超え、平均年齢は約六七歳となった。

中西は「基本的に女性、ＩＴ、（ベンチャー企業など）スタートアップが経団連に入ってくるべきだと思っている」と力を込めた。二〇年の副会長人事で、その手腕が試されることになる。

Q&A

Q　経団連、経済同友会、日本商工会議所の「経済三団体」の特色は？

A　経団連は、約一六〇〇の大手企業や業界団体などが加盟し、日本を代表する経済団体だ。「財界総本山」と呼ばれる。

経済同友会は、企業単位ではなく、経営者や役員ら約一五〇〇人が個人の資格で参加する。個々の自由な意見が尊重される雰囲気が強い。政府と協調路線を取ることが多い経団連に比べて、物言う姿勢を重視している。

日本商工会議所は一九二二年発足で、三団体の中で最も歴史が古く、唯一、商工会議所法という法的根拠に基づく。中小企業など約一二五万社が参加する。

Q　互いの関係は？

A　毎年、新年祝賀会を共催したり、海外に共同で経済ミッションを派遣したりするなど、運営面で連携する傾向が強まっている。日商のトップとなる会頭には、経団連会長を輩出した東芝や日本製鉄など大企業の経営者が就くことが多い。

4　存在感を増す「民僚」

財界きっての税制通が二〇一七年一一月、六二歳の若さで急逝した。

阿部泰久。一九八〇年に東京大学法学部を卒業後、経団連の事務局に入り、ほぼ一貫して税制分野を担当した。二〜三年で部署を異動することが多い財務省主税局のキャリア官僚より詳しい「異能の民僚」。そうした評価が永田町や霞が関で定着していた。

民僚——。経団連職員はしばしば、官僚になぞらえて、そう呼ばれる。経団連会長の記者会見の想定問答や政策提言の文案の作成など、「財界総本山」の事務作業を一手に引き受ける。政官財の「鉄のトライアングル」の一角を占めてきた経団連の裏方たちは、自負心が強い。

「単に反対と言っているわけではない」。民僚のエースだった阿部は二〇一四年九月、地方税をめぐる総務省の有識者検討会で、経団連が直前に示した税制改正要望を翻した。企業の事業規模や従業員数などに応じた外形標準課税。経団連は「安易な拡大はすべきでない」と異論を唱えていた。だが、阿部は、中小企業に適用せず、段階的に進めるなどの落としどころを示し、拡大を容認する姿勢をみせたのだ。

「そのような事実はない」。経

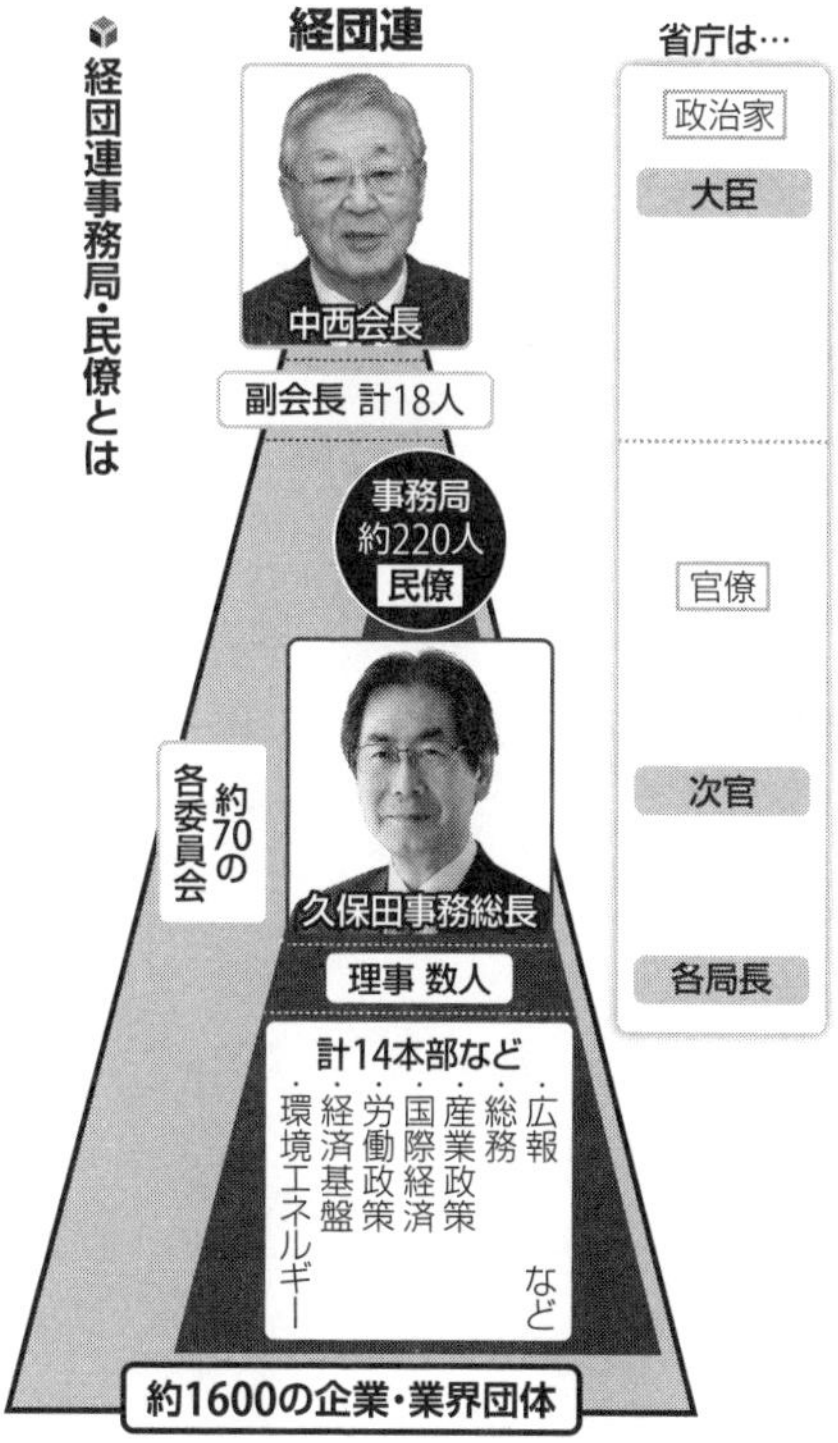

◆経団連事務局・民僚とは

団連は、阿部の発言の火消しに回ったが、阿部の交渉術が議論を方向づけた。税制改正を知り尽くした阿部は、官庁との交渉で現実路線をとった。

その交渉には泥臭い一面もあった。例年一一～一二月に自民党税制調査会の最高幹部が繰り返し開く会合。会場のホテルの廊下で阿部は、幹部たちが出てくるのを深夜まで待ち続けた。幹部クラスの本部長に昇進しても、「税調詣で」は続いた。

◇

いかに経済界の利益を政策に反映させるか。民僚の職務の神髄は、その一点にある。政策担当の職員は、朝から自民党の部会に顔を出し、若手議員との関係づくりに励む。同じ担当を長く務め、専門性を磨く。

かつては民僚を牽制《けんせい》する勢力があった。会長が出身企業から連れてくる政策担当スタッフだ。「財界総理」を輩出することが大企業のステータスだった二〇〇〇年代半ばまで、会長企業は数十人規模の社員を財界活動の担当にした。

トヨタ自動車出身の奥田碩《ひろし》会長（二〇〇二～〇六年）の時代。JR水道橋駅（東京都）近くのトヨタ東京本社に控えるスタッフたちは、民僚が作成するはずのリポートを次々に繰り出した。「農産品の価格動向など本業に関係ない分野でも、〝水道橋〟は素早く調べ上げて文書にまとめていた」（当時の経団連関係者）

現会長の中西宏明を支える日立製作所のスタッフは一〇人ほどにとどまる。ここ数代の傾向だ。財界活動に「手弁当」で臨む企業は減った。その分、民僚たちの存在感は増してきた。「誰が会長になっても事務局できちんとお支えできる」。ある幹部の言だ。

◇

民僚の組織内での力は強まった。だが、経団連自体の地盤沈下は否めない。前会長の榊原定征は一五年、経団連の存在感や発信力を問う調査をPR会社に発注した。政治家や官僚、メディア関係者、市民ら約三〇〇〇人に意見を聞き、導かれた結論は痛烈だった。「経団連の利益と国民の利益がズレ始めている」「大企業の成長と国民利益との両立が困難になっている」——。

永田町や霞が関との間合いも微妙に変わった。事務局中枢の常務理事まで上り詰めた阿部は一五年冬、税制担当を事実上外れた。前年の外形標準課税のときのように、税制改正の議論をリードしようとしたことが、経済産業省の一部の幹部の不興を買ったためとささやかれる。一六年六月に参与へと退いた阿部は、約一年半後に他界した。

「鉄のトライアングル」の面影が失われ、「政官財」の通り名のままの序列となった今。阿部の後進の行く手も決して平坦《へいたん》ではない。

Q&A

Q　民僚とは？

A　主に経団連事務局の職員を指す。官僚に対抗できる優れた人材という意味がある一方、官僚的な仕事ぶりを批判する際にも使われる。

民僚トップの事務総長以下、多くが一流大学を卒業した約二二〇人の精鋭部隊だ。経団連は、活動費のほぼ全額を会員企業が支払う会費で賄うため、つぶれる心配はまずない。「安全なところから政策を語っている」と揶揄《やゆ》されることもある。

Q　どんな人がなるのか？

A　弁護士や公認会計士の資格を持っていたり、海外の日本大使館へ出向したりする職員もいる。「経済政策」「国際経済」など一四の本部と秘書室などがあり、省庁の部署名と似ている。一流メーカー並みとされる給与水準の高さから、キャリア官僚の内定を蹴って入局する職員もいるとされる。

事務総長では、土光敏夫ら大物の財界総理に仕えた花村仁八郎が有名だ。二〇一四年から久保田政一《まさかず》が務める。久保田は東京大学経済学部で資本論を学び、学者志望だった。

5　細る政治献金に焦り

二〇一八年九月三〇日に投開票された沖縄県知事選。安倍内閣の今後を占う一戦の約二週間前、経団連常務理事の藤原清明は那覇市内のホテルで壇上に立ち、地元の企業関係者を中心とした約二五〇人の聴衆を前にマイクを握って声を張り上げた。「佐喜真《さきま》淳さんを応援します」

自民、公明両党などが推す佐喜真を支援する集会。与党幹部に交じり、藤原は佐喜真支持を鮮明にした。「経団連幹部が表立って選挙応援をするのは異例だ」（関係者）。財界と政治の距離の縮まりをうかがわせる一幕だった。

その直後。経団連幹部の名で、主な会員企業あてにメールが届いた。自民党衆院議員甘利明の新著を購入してほしい――。数冊を購入した企業の担当者は「甘利氏への肩入れのすごさを感じた」と漏らす。

政権与党への一段の接近を試みる経団連。中でも、甘利との蜜月関係は知られる。秘書の不祥事で閣僚を辞任した甘利は一八年一〇月、党四役の選対委員長に就いた。「沖縄県知事選の選挙応援は甘利氏の復権を見据えたかのようだった」。周囲はそうみる。

「甘利推し」は政策の方向性を共有できるからだ。一五年五月、政府の経済財政諮問会議。財政健全化計画をめぐり、経団連会長だった榊原定征ら民間議員が求めた「歳出削減五兆～六兆円」に、財務相の麻生太郎はさらなる歳出削減を迫った。後日。「十分、意欲的な目標だ」と助け舟を出したのは、経済再生相の甘利だった。

政府からの強い賃上げ要請など、経団連は守勢が続いていた。甘利を財界応援団にしたい。そうした思惑が経団連に渦巻く。

◇

企業や業界団体による政治献金という絶大な財界パワーを失いつつある経団連。焦りも透けてみえる。トヨタ自動車六四四〇万円、東レ五〇〇〇万円、キヤノン四〇〇〇万円。一七年一一月に公表された自民党側に対する企業・団体献金ランキング（一六年分）は、歴代会長の出身企業が上位を占めた。

「政治献金は社会貢献として、政治活動として、しっかりしたものにする意味では必要だ。その代わり、政治にもの申していく」

一八年一〇月三〇日午後、金沢市。経団連会長の中西宏明は地元経済人との懇談後の記者会見で、前任の榊原が再開した政治献金の呼びかけを続ける考えを示した。中西の日立製作所の献金額は二八五〇万円。「大変質素な会社なのでドンとはいかないが、それ相応の金額は寄付するつもりだ」。中西はそう続けた。

一九九〇年代前半まで、経団連は会員企業に献金額を割り振っていた。いわゆる「あっせん方式」だ。花村リスト――。金額の一覧はそう呼ばれた。土光敏夫ら大物会長を支え、「財界政治部長」の異名を取った事務総長の花村仁八郎が取りまとめた。会員企業らによる自民党側への献金額は、一〇〇億円を超えた。

だが、あっせん方式は金権政治への批判を受けて廃止され、今は会員企業が自主的に献金額を決める。秋になると、自民党の政治資金団体である「国民政治協会」に再就職した経団連の有力ＯＢは同党の選挙実務の責任者と一緒に会員企業を訪ね、献金を依頼する。それでも「金がない」と断る企業は後を絶たない。一六年の献金は総額二三億円。ピーク時の五分の一程度だ。

献金に代わり、政治資金の中心となったのは政党交付金だ。自民党が受けた一七年分の交付金は約一七〇億円。企業・団体献金の八倍に上る。スポンサーとしての財界の地位は低下した。野党からは「政党交付金との二重取りだ」との批判が根強い。費用対効果がわかりにくく、株主が向ける目も厳しい。

「企業献金をフェード（終息）させようという暗黙の了解があったはずだ」。同じ経済三団体の一つ、経済同友会代表幹事の小林喜光は一五年、こう批判した。経済同友会は一〇年、献金の原則禁止を提言した。

金で政策を買う――。そんな時代は終わった。政策実現を旨とする経団連は、何をなし得るのか。

一九年一〇月、経団連は約一六〇〇の会員企業・団体が政治献金を行う際に参考としてもらう政策評価を公表した。自民党、公明党の与党については「長期安定政権として内政と外交で成果を上げた」と高く評価。中西宏明会長の名前で、自公両党への積極的な献金を呼びかけた。経団連は三年余りの民主党政権時代に政治献金から距離を置いたものの、一四年に榊原定征が五年ぶりに政治献金への呼びかけ再開を決定した。

経済界による自民党側への献金額の推移
※金額は国民政治協会への企業・団体献金額

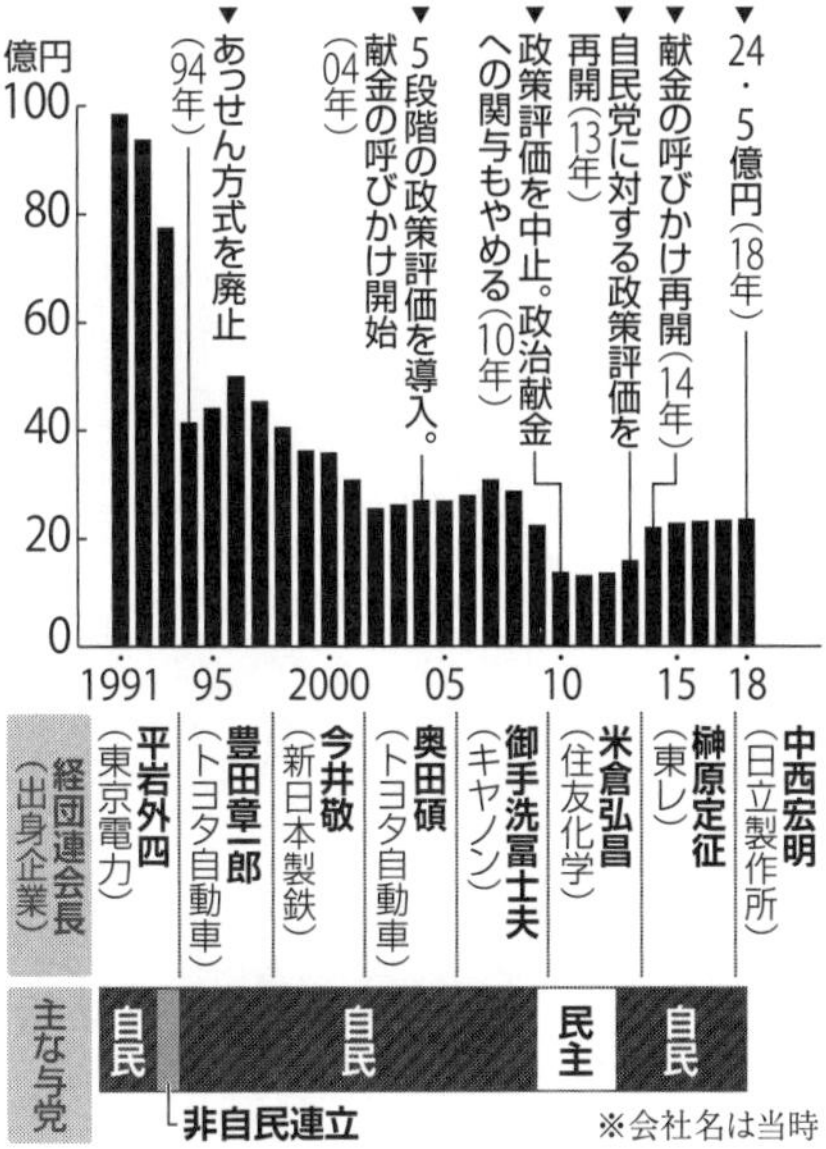

毎年一一月下旬に総務省が発表する前年分の政治資金収支報告書。企業・団体別のランキングでは、いずれも経団連に加盟し重厚長大と呼ばれる業界団体や企業が上位を占める。一八年分の首位は日本自動車工業会（八〇四〇万円）、二位は日本鉄鋼連盟（八〇〇〇万円）、三位は日

本電機工業会（七七〇〇万円）。四位はトヨタ自動車（六四四〇万円）で、初めて企業が顔を出す。ここ数年、上位四団体・企業の顔ぶれと献金額は全く変動がなく、いずれも献金先は自民党の政治資金団体「国民政治協会」だ。同協会に寄せられる企業・団体献金は一八年は二四億円となり、うち八割程度が経団連関連の企業や団体分とされる。

◇

一九年四月、経団連で事務方ナンバー2となる専務理事まで上り詰め、政治献金の生き字引と呼ばれた男が七一歳で世を去った。田中清。経団連入局後は総務部門を中心に歩み、企業献金や選挙支援など政界回りを担当。長年、政権与党と同義語だった自民党との窓口として、財界の財布を一手に握った。

二〇〇八年には共産党委員長の志位和夫と都内のホテルで会談。志位が「非正規労働者の大量解雇計画の中止・撤回」を経団連の会員企業に働きかけるよう申し入れたのに対し、田中は具体策への言及は避けながらも「意見は承った。内部に報告する」と応じた。共産主義を標榜《ひょうぼう》する政党と、資本主義の総本山とされる経団連。両者の公式な会談が実現したのはこの時が初めてだった。「政敵といえども真摯《しんし》な姿勢で耳を傾ける」。そんな信念を貫いた田中は、政官財のいずれからも人望を集めた。

だが、事務総長への就任確実と見られながら、二〇〇九年一一月に外郭団体となる東京経営者協会に異動となる。二か月前に自民党が下野して民主党の鳩山内閣が発足し、「自民党との近すぎる関係が足を引っ張った」（幹部）とささやかれた。

経営者協会を退いた後は、国民政治協会の代表理事常務に転身。自民党側の立場にたって経済界とのパイプ構築に力を尽くした。一九年六月、田中の古巣となる経団連会館二階で開かれた偲《しの》ぶ会。自民党事務総長の元宿《もとじゅく》仁《ひとし》が共同発起人を務め、人脈の広さを伺わせた。

Q&A

Q　なぜ企業献金をするのか？

A　経団連は、「民主政治を適切に維持するためには相応のコストが不可欠」と意義を説明する。その上で、会員企業や団体に「自主的な判断」に基づき、献金を呼びかけている。

一九九〇年代は鉄鋼、自動車、銀行が「献金御三家」と呼ばれた。銀行は公的資金の注入を受けて以降、自粛していたが、二〇一五年から再開。日本自動車工業会、日本鉄鋼連盟など業界団体単位で行うケースも多い。

法律で政治的な中立が求められている日本商工会議所は、別に政治団体を作って、自民党側などに献金している。

Q　額はどうやって決まるのか？

A　経団連は、会員の企業や団体が献金先の政党や金額を決める際の判断材料として政策評価を公表している。初めて政策評価を導入した奥田碩会長の時代は、五段階評価を行った。その後、榊原定征会長の時代に、一三年に再開した政策評価を献金の参考とすることにした。一八年まで五年連続で、自民党に対し高い評価を与えている。

インタビュー1

政官財のトライアングルが崩れ、産業構造の急激な変化にも直面する経団連は、存在意義が問われている。「財界総本山」をどう導いていくのか。中西宏明会長に聞いた。

（二〇一八年一一月一日の掲載記事に、二〇年二月一九日の追加インタビューを加筆して再構成）

経団連会長　中西宏明《なかにしひろあき》氏（七四　加筆時）

会員構成の見直し必要

デジタル化が産業構造を大きく変え、経団連の中核を担ってきた大企業や製造業はもはや経済界を代表していない。とはいえ、経団連には発信力、影響力がまだあり、捨てたものではないと正直に思う。この二年間、政治や経済界全体の課題として自らの問題意識を率直に発言してきた。

すでに「業界」という枠組みが崩れており、既存の業界団体の存在意義はかなり薄れた。産業統計をとりまとめたり、ルールを作ったりといった実務上の役割はあるが、経団連が各業界の利益を代表する形で政府への政策提言をまとめることは、もう意味がない。デジタルトランスフォーメーション（DX）やグローバル化といった業界横断的な議論を進めて提言にまとめ、政府の産業政策や経済界全体の動きに絡ませる必要がある。もっとも、経団連は会員組織であり、個々の企業の期待が第一のプライオリティー（優先順位）となる。高度なテーマとの間に生じる大きなギャップを埋めるのはなかなか難しいと感じている。

労使交渉の議論について言えば、春闘で（基本給を底上げする）ベースアップが何％かという数字から始めることがおかしい。働き方が多様化し、時間単位で給与が決まる働き手が減る中、労組側が一律の賃上げ水準を横並びで要求し、経営側と闘うという構図ではもはやない。「春闘」という名称自体に違和感がある。今後は、新たな価値を生み出した働き手に、賃上げで処遇するという流れが強まっていくのではないか。

政治に言いたいことは言っている。政府の経済成長のシナリオは、先端技術を活用した未来社会を目指す構想「ソサエティー5・0」で、経団連から提案したものだ。

政官財の関係は、首相官邸の主導が強まり、官僚が後を追いかける構図となった。官邸との迅速な対話が非常に大事で、経団連もそれを可能にする仕組みを作らないといけない。

官邸の力が強まった結果、政治家同士の切磋琢磨《せっさたくま》がなくなった点は批判に値するのかもしれない。だが、経団連は以前の内閣を「決断できない」と批判してきた。当面は見守りながら意見交換していきたい。

経団連は、会員企業の構成を大幅に見直し、より幅広い意味で経済界を代表する存在になることも求められている。経団連の将来を担う次期会長は、これ

中西宏明氏　1970年、東京大学工学部卒、日立製作所入社。79年、米スタンフォード大学大学院修士課程修了。2010年、社長、14年４月から会長。神奈川県出身。

まで不文律とされた「製造業出身者」にこだわる必要は全くない。グローバルに色々な展開を進められる人材でないと経団連はもたない。

会員企業については入会基準を緩和し、GAFAと呼ばれる米IT大手四社の日本法人やメルカリ、ヤフーも入会している。彼らは、政府が検討するデジタル課税や規制導入について、経団連として取り組んでほしいと要望しており、経団連への期待は高い。

一方、首脳級となる副会長ポストは、一部の業界にとっては権利のようになっており、他の業界・企業に奪われることへの抵抗感は非常に強い。「あの業界・企業が選ばれるのはどういうことか」といった議論が始まることもある。ただ、そういったポストへのこだわりが、経団連が会員の企業や団体から寄付金を集める際に役立つ面もある。女性も登用したいが、企業経営者に女性が少ないという日本の根源的な問題にぶつかる。何らかの形で打開しないといけない。会費がネックになるのであれば、(負担を緩和する)特例を設けてもいいと考えている。

インタビュー2

経団連の現状や将来のあり方をどう見るのか。人気漫画「会長 島耕作」で財界の内幕を描いた弘兼憲史氏と、民僚トップとなる久保田政一・経団連事務総長に聞いた。

(二〇一八年一一月二日掲載)

「奥の院」で島耕作は活躍できず

漫画家　弘兼憲史《ひろかねけんし》氏(七一)

「会長　島耕作」で財界をテーマにしたのは、政治家とは異なった経験や視点から、これからの日本経済の発展に向けて活動する財界人たちの姿を描きたかったからだ。

経団連は、経済三団体の中でも「権威」を強く感じる組織で、ベールに包まれた「奥の院」とも呼ばれる。漫画の執筆に向けた取材でも協力を断られた経緯がある。

漫画のなかで島は経団連をモデルにした経済連を退会し、経済同友会ならぬ経済交友会に転じる。同友会は、個人として参加する開かれたイメージで、島を活躍させやすかった。

経済団体が政府に対して優れた内容の提案や提言を行うのであれば良いが、潤沢な資金をもとに政策を動かそうというのは筋が違う。政府とどう向き合うかはトップの姿勢次第で、経団連も土光敏夫会長の時代は強くものを言ってきた。現在は「官製春闘」という形で政府が経済界に賃上げを求めているが、民間企業の経営に口を出すのはおかしい。改革派とされる中西宏明会長の発言に注目したい。

堂々と政策を議論する「民僚」に

経団連事務総長　久保田《くぼた》政一《まさかず》氏（六五）

経団連会長は時代が選ぶとも言われる。デジタル化やグローバル化が二大潮流となる中で、科学技術の先端を走る中西宏明会長はふさわしい方だと感じる。

中西会長の意思決定は、広く意見を吸い上げつつ、大きな方向性は自ら打ち出すスタイルだ。一例が就職・採用指針の廃止だろう。会長が九月に記者会見で意向表明をしたことで実現した。

会長執務室にパソコンを初めて導入した。会長の指示メールが担当者レベルにまで届く。移動中でも会長はタブレットを駆使している。従来は秘書を通して連絡し、紙を使い説明に上がっていた。経団連の意思決定のスピードが相当速くなった。

主に経団連職員を指す「民僚」に、「上から目線」で事を進めるといった皮肉が込められているのは認識している。企業や市民により身近な存在となるため、我々の意識改革が必要だ。

我々は、省庁とは違い政策決定の権限を持たない。その分、理論武装をきちんとして、一流の官僚らと堂々と政策議論を行える民僚でありたいと考えている。

第二章　旧財閥系グループ

1　名門の看板　鉄の「掟」

三菱、三井、住友という三大企業集団のあり方が変容している。いずれも旧財閥系と呼ばれ、長年グループの各企業が株を持ち合ったり、事業面で密接に協業したりして成長を遂げてきた。資本関係が薄れた今も、商号やロゴといったブランドをよりどころに結束している。

三菱グループ。旧財閥系の三大企業集団の一つが二〇二〇年、久々に存在感を誇示している。一九年一〇月に子どもや若者の教育を支援する組織「三菱みらい育成財団」を設立。主要二七社が出資した一〇〇億円を、この春から一〇年かけて教育機関やNPO法人などに助成する。目標は「ノーベル賞人材の育成」（グループ企業首脳）と壮大だ。

二〇年は創始者の岩崎弥太郎が一八七〇年（明治三年）に海運業を創業してから一五〇年の節目でもある。「一声かけて一〇〇億円が集まるのはさすが旧財閥の結束力だ」。経団連幹部も舌を巻く。

グループ二七社の経営トップで作る親睦組織「金曜会」の世話人代表を二〇一九年まで務めた三菱UFJフィナンシャル・グループ（MUFG）会長の平野信行は言う。「〝三菱〟とはルーツを共にし、価値観を共有する仲間の集まり。中核にあるのはブランドだ」

◇

同族によって出資・支配された持ち株会社を中核に、多角的に事業を営む企業群、財閥。一九年春、その流れをくむ名門企業集団から「三井」の名が一つ消えた。

一八年一一月二九日、三井生命保険は翌年四月に社名を「大樹《たいじゅ》生命保険」に変更すると発表した。主力の保険商品の名を新社名としたことを説明する記者会見は開かれず、「三井」の幕引きはひっそりと行われた。一五年、業界の雄・日本生命保険による買収が引き金だった。三井を名乗れなくなったのだ。「名前が変わっても、三井グループであることに変わりはない」。幹部の未練は、旧財閥を源流とする企業群が今なお、日本の経済界で権勢を振るう現実を物語る。

「グループ外の特定企業から資本を支配された企業は、三井ではない」。それが主たるグループ企業幹部の共通認識だ。一九二六年に三井財閥の傘下に入り、連合国軍総司令部（GHQ）による財閥解体後の一時期を除いて三井を名乗ってきた三井生命も、「掟《おきて》」の例外ではなかった。

会社の名称を、親会社でもない企業群の判断が左右する。三井を冠することを認めるのは「三井商号商標保全会」だ。三井不動産や三井物産といった名だたる企業や団体で構成される。

三井の名を残したい。社員の離反を恐れた三井生命の願いはかなわず、商品名に頼るしかなくなった。

◇

主な社名変更の動き

2001年	さくら（旧三井）銀行と住友銀行が合併し**三井住友銀行**に	➡白水会（住友）と二木会（三井）の両方を現在も継続
02年	日石三菱から**新日本石油**に社名変更	➡現在はJXTGHDとして三菱金曜会に加盟
12年	新日本製鉄と住友金属工業が統合し**新日鉄住金**に	➡白水会から脱退
13年	古河スカイと住友軽金属工業が経営統合し、**UACJ**が発足	➡白水会から脱退
15年	三井生命保険が日本生命保険傘下に	➡二木会から脱退
19年4月	新日鉄住金は**日本製鉄**に。三井生命保険は**大樹生命保険**に社名変更	➡両社ともすでに白水会、二木会から脱退済み

ブランドへの執着。その姿勢は、三井と並ぶ三菱、住友の旧財閥系企業グループも変わらない。グループ内での取引や資本関係の強いつながりがなくなっても、シンボルマークの求心力はなお強い。

ブランドを「買い取る」こともある。二〇一〇年、大阪府を地盤とする「三菱タクシー」の社名から三菱が消えた。三菱グループとは関係がない老舗《しにせ》企業だった。関係者によると、商標上の問題が確認出来ず、訴訟では争えないと判断した三菱グループは、三菱タクシー側に社名変更の対価を支払ったという。

一八年四月、傘下の三菱東京UFJ銀行が名称を変えるのにあたり、持ち株会社の通称を使った「MUFG銀行（バンク）」にする案が浮上した。ところが「三菱」が消えることに有力OBらが猛反発、行名は三菱UFJ銀行で決着した。三菱ブランドの手ごわさである。

スリーダイヤとも呼ばれる三菱ブランドを守るのは「三菱社名商標委員会」だ。グループ二七社が集う。外部の企業がスリーダイヤの信用や価値を損なえば、訴訟や刑事告訴も辞さない。

各グループのブランド力を維持する取り組みは、それぞれの主要企業の社勢と相まって、さらにブランド価値を高めている。

◇

人気企業上位一〇社のうち四社が三菱、三井、住友系――。就職情報会社ディスコが一八年一一月から一九年三月に文系の大学生らを対象に行った調査は、学生たちの「財閥志向」を鮮やかに示した。早稲田大と慶應大の学生に限ると、上位一〇社のうち六社が旧三大財閥系企業だった。

一方で、国際競争の激化と、それに伴う企業の合併・買収（M&A）の進展が、ブランド神話を脅かす。

新日本製鉄と住友金属工業が一二年一〇月に合併して発足した新日鉄住金は一九年四月、社名を「日本製鉄」に変更した。旧住友金属の略称「住金」も、英文名に含まれていた「SUMITOMO」も残らなかった。

旧住金は、住友グループの「御三家」に数えられた名門企業だった。しかし、新日鉄との合併に際し、住友グループ各社の親睦組織「白水会《はくすい》」から脱退せざるを得なくなった。「白水会の各社には負担金などが割り振られる。その支払いを新日鉄側が認めなかった」（関係者）のだ。官営八幡製鉄所を源流の一つとし、明治の頃から「鉄は国家なり」を体現してきた新日鉄は、旧財閥の名門企業であっても格下に扱った。「グローバル競争の下で、住友ブランドの価値は見いだせなかった」。新日鉄の元幹部は明かす。

合併の前。住金は、鉄鋼業界やメディアの関係者ら数百人を集めた会合で、住金の社歌が収まったCDを配った。人事や組織の形づくりで、新日鉄主導が鮮明となっていた頃だ。「住金のドン」と呼ばれ、社長、会長を務めた下妻博は、悔しさをにじませながら声を絞り出した。「皆さん。合併なんてするもんじゃない」

Q&A

Q　財閥とは？

A　同族によって出資・支配された持ち株会社を中核に、多角的に事業を営む企業群を指すことが多い。江戸時代までに祖業を始めた三井や住友、続いて創業した安田、三菱を加え、戦前は「四大財閥」と呼ばれた。浅野、大倉、野村などを含めて十大財閥とも称された。資本金で見ると全国の企業に占める十大財閥の割合は一時、三五％に達したとされ、第二次世界大戦まで工業化や経済発展という国家目標の中心的な担い手となった。

一九四五年以降、軍国主義の経済的基盤になったと見なした連合国軍総司令部（ＧＨＱ）は、四大財閥などを対象に持ち株会社の解散や株式所有の分散などを断行した。いわゆる「財閥解体」だ。

Q　旧財閥系企業グループはいかに生まれたのか？

A　ＧＨＱの占領政策の終了後、旧財閥系の企業は徐々に再結集を進めた。旧三井財閥では、いったん解体された中核の三井物産が五九年に統合し、二年後には一八社の社長が集まって「二木会《にもく》」が発足した。住友は「白水会」、三菱も「三菱金曜会」の名称で同様の社長会を設立した。

富士、三和、第一勧業の旧都市銀行三行も、それぞれ有力な融資先企業を集めた社長会を作り、旧財閥系の三つと合わせて「六大企業集団」と称された。戦前の財閥とは異なり、企業同士が数％程度の株式を持ち合う緩やかな関係が中心のグループとなった。

Q　現在の活動は？

A　三菱、三井、住友の三大グループでは、月に一回程度、社長らが集まって国際情勢や景気、各社の事業について意見交換するほか、商標管理や社会貢献活動などを行う。緩やかな結びつきながら、企業取引で同じ企業グループを優先している例は多い。

グループ内の企業に不祥事や経営危機などが起きた際は、グループで対応を協議する。

2　歴史の重みが結束の源泉

二〇一六年の大ヒット映画「シン・ゴジラ」。東京・品川の高層ビル群の間に立つゴジラを俯瞰《ふかん》する場面で、生い茂る木々に囲まれた大庭園と洋館が、ひときわ目をひく。三菱グループの迎賓施設「開東閣《かいとうかく》」。敷地面積約一万坪という広大さは、ゴジラをものみ込めそうだ。

一九〇〇年（明治三三年）、三菱の二代目当主の岩崎弥之助が初代首相の伊藤博文の邸宅跡を、自身の親族から譲り受けたのが始まりだ。皇族や首相ら要人たちも足を運んだ。三菱系企業以外の利用は原則できず、一般には非公開だ。三菱グループ幹部は「三菱の心の聖地」に例える。歴史の重みは、グループ企業社員らの自負を生み、旧財閥系グループの力の源泉となる。

二〇一六年、コストカッターと呼ばれた男が秘密の園の利用権を得た。同年に三菱自動車を傘下に収め、会長に就いた日産自動車会長のカルロス・ゴーン。一八年一一月二一日、数年前までルノー社外取締役だった都知事の小池百合子との対談を開東閣で行う予定だった。対談はその二日前、東京地検による電撃的なゴーンの逮捕で幻と消えた。「聖地」での対談は、グループ外企業に傘下入りした三菱自動車の弱い立場を象徴しかねない。関係者は胸をなで下ろした。

◇

開東閣と線路を挟んで反対側に本社ビルを構えていた三菱重工業は、一八年、東京・丸の内へ本社を移転した。JR東京駅と皇居に挟まれた超一等地のオフィス街には、三菱グループの本社が多く並ぶ。通称「三菱ムラ」だ。ここ数年、さらに「スリーダイヤ」が増えた。三菱ケミカルホールディングス、三菱商事、三菱マテリアルも本社や一部部門を丸の内に移転している。

二〇〇〇年代に入り、賃料が高い三菱ムラから拠点を移す動きが広がった。しかし現在では業績回復が丸の内への回帰を後押しする。「物理的な距離が近づき、結束の三菱らしさが強まる」。グループ企業幹部の一人は誇らしげだ。

旧財閥系グループを構成する企業の収益の大きさが、経済界での影響力を映すのは言うまでもない。なかでも三菱は、ほかの旧三大財閥系の三井、住友を圧倒する。三菱グループの親睦組織「三菱金曜会」に加盟し、東証一部に上場している二一社の時価総額は約三五兆円。東証一部の時価総額約六二〇兆円の約六％に上る。

一七年八月五日、グループ御三家の一つ、三菱重工業広島製作所（広島市）。首相の安倍晋三は祖父、岸信介が同所を訪れた際に揮毫《きごう》した書「以和為貴」を鑑賞した。和をもって貴しとなす――。聖徳太子の十七条の憲法にある有名な言葉だ。安倍はその二日前の会見で、政権運営と憲法改正への強い決意を改めて示したばかりだった。

政界とつながりが深い華麗な人脈も、旧財閥系の強みだ。

三菱金曜会や広報委員会などグループの各親睦団体の事務局を支え、今や三菱総本山に近い存在になった三菱商事。首相の兄、安倍寛信は傘下企業の社長を務める。元首相の長男の福田達夫、後藤田正純ら自民党衆院議員や、愛媛県知事の中村時広もかつて籍を置いた。三菱商事で五年間働き、政界に転じた後藤田は、社会貢献などを掲げる三菱の綱領の意義を強調する。「自らの利益だけでなく、社会全体を豊かにするように貢献する。それは〝誰にでも公平〟といわれわれ改革保守の意識と結びつく」

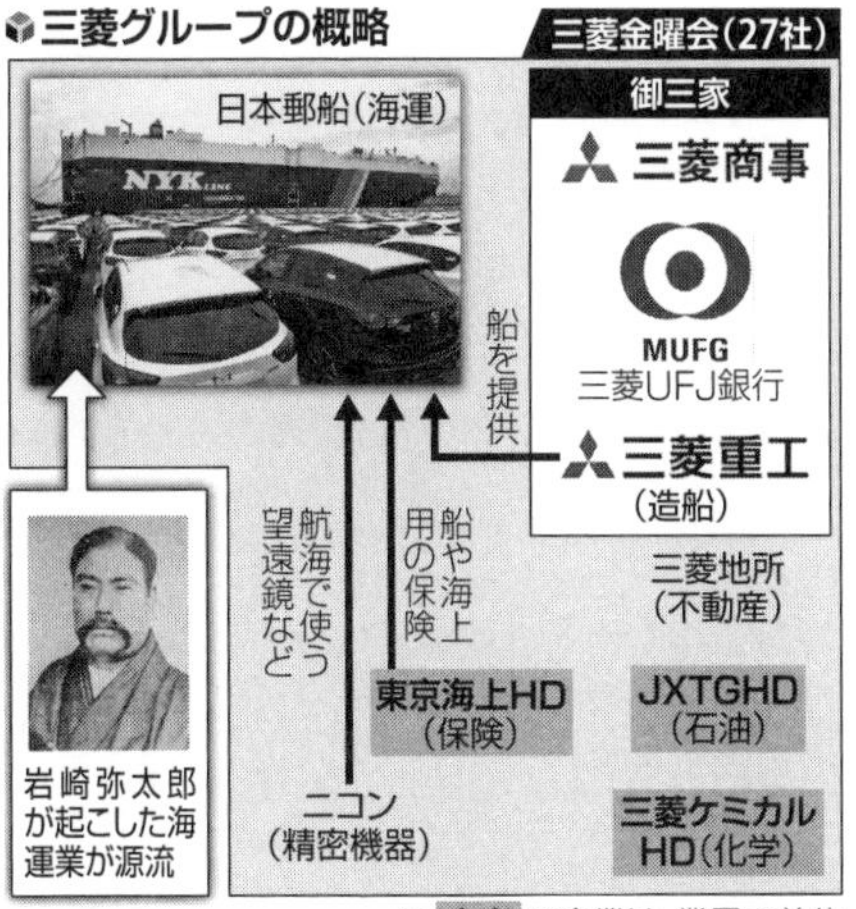

※ 太字 の企業は、業界で首位

Q&A

Q　三菱の起源は?

A　一八七〇年（明治三年）、土佐藩（現在の高知県）出身の岩崎弥太郎が海運事業（現、日本郵船）を始めた。弥太郎は保険（同、東京海上日動火災保険）や為替（同、三菱ＵＦＪ銀行）、造船（同、三菱重工業）など、事業を多角化。二代目の弥之助は九〇年、政府の要請で丸の内などの土地約一〇万坪を買い取り、現在のオフィス街の礎を築いた。岩崎家の家紋などが原型とされる三菱マークは「スリーダイヤ」とも呼ばれる。

一九四六年、終戦後の財閥解体で三菱本社は解散。その後、五四年に親睦組織の「三菱金曜会」が発足し、分裂した三菱商事も大合同するなど、グループの再結集が進んだ。

Q　現在は?

A　主要企業二七社の会長、社長を会員とする「三菱金曜会」がグループ活動の中心となる。月一回、第二金曜日に例会を開催するのが名称の由来だ。三菱商事、三菱重工業、三菱UFJ銀行がグループで主要な地位を占める「御三家」だ。グループ企業に共通する社風は、「組織の三菱」と評される。

3　大阪万博は「住友力」を前面に

ロシアとアゼルバイジャンを破り、五五年ぶりの大阪開催が決まった二〇二五年国際博覧会(万博)は、久々に「財閥パワー」が前面に出ている。

白水会。誘致活動で「陰の主役」となったのは、旧住友財閥系一九社の社長による親睦組織だ。「大阪でやるんであれば、住友として積極的に協力しないといけないよな」。誘致決定から四日後の一八年一一月二八日、誘致委員会会長代行の松本正義は大阪市で開いた「凱旋《がいせん》記者会見」で大見えを切った。

松本は住友電気工業の社長、会長を一四年務め、関西に源流を持つ住友グループの重鎮だ。関西経済連合会の会長も務める。根回しは済んでいた。「皆さんに万博の資金負担をお願いしたい」。一八年夏、東京で開かれた白水会の定例会で、松本はグループ企業の社長らに頭を下げた。

最大の課題は、会場建設費約一二五〇億円のうち経済界が負担する四〇〇億円の工面だった。各社の首脳は相応の負担を覚悟した。だが、住友を中心とする大阪財界で賄うには、四〇〇億円は大きい。「日本にはね、財閥は三菱も三井もある。住友ばかりではない」。松本は東京で経団連関係者らと会見した際、「オールジャパン」で資金を分担するよう求めることも忘れなかった。

二〇〇五年の愛知万博では、旧三井財閥系企業でつくる「二木会」の会員であるトヨタ自動車が旗を振り、各社が資金負担に応じた。会場には「三井・東芝館」や「トヨタグループ館」が並んだ。

結局、住友各社は松本正義の呼びかけに応じ、二〇年春現在、会場建設費の八％にあたる一〇〇億円を住友一九社で拠出するメドをつけた。住友グループ企業幹部は「ビジネスの面もあるが、住友の重鎮である松本さんに恥はかかせられない」と説明する。

もともと、住友グループの社風は「結束の住友」と称される一方、ビジネスでのつながりは比較的緩やかだ。「うちにはグループ価格はない」（主要企業幹部）というだけあって、加盟企業同士の取引が有利になることは少ない。もっとも、関西を地盤としてきた加盟企業が三井系企業との合併などを機に本社を東京に移し、求心力の低下を懸念する声もある。万博は、住友グループが絆《きずな》を確認するイベントであるともいえる。

◇

国民的な慶事である万博は結束しやすい。しかし、ビジネス面では求心力が働きにくくなるケースも目立っている。

一七年春。不正会計問題や米国原発事業の巨額損失で経営危機に陥った東芝を、「三井」で救済する計画が浮上した。三井物産、三井不動産、三井住友銀行を中心に各社が出資し、資金繰りを支える案だった。

政府の意向もあり、経団連会長、榊原定征が主導した。東レで社長、会長を歴任した三井グループの重鎮だ。だが、同調の動きは広がらず、計画は幻に終わった。「今の時代、グループだから支えるなんてことは株主に説明がつかない」。榊原から要請を受けたグループ企業の首脳は振り返る。東芝は外資やファンド傘下に入り、今なお再建の途上にある。

「三菱」も以前のような結束に変化がみえる。

二〇〇〇年以降、リコール隠しなどで二度の経営危機に陥った三菱自動車は、「三菱御三家」と呼ばれる三菱UFJ銀行と三菱商事、三菱重工業による優先株の引き受けなどで危機を脱した。結束の象徴例だが、一六年に発覚した燃費不正問題の際はグループ各社による救済はなく、日産自動車の傘下入りに追い込まれた。

一八年一〇月、三菱重工業は子会社の三菱航空機に二二〇〇億円の財務支援を行うと発表した。三菱航空機が開発するMRJは、プロペラ旅客機「YS-11」以来の「日の丸旅客機」だ。三菱商事も加わり計画は進められたが、設計変更が相次ぎ、納入に至っていない。業績が厳しい三菱重工にとって支援の負担は重いが、事業パートナーの三菱商事は三菱重工が持つ三菱自動車の株式を買うという間接的な支援にとどめた。

背景にあるのは、グローバル化やビジネスの多様化だ。旧財閥系の論理が通用しにくくなっている。売上高に占める海外の割合が住友化学は六五％、ニコンは八〇％超など、グループ内だけでなく、日本企業との結びつき自体も希薄となる企業が増え、「三菱といっても商号が同じくらいの関係しかない」（三菱の企業首脳）との声もある。

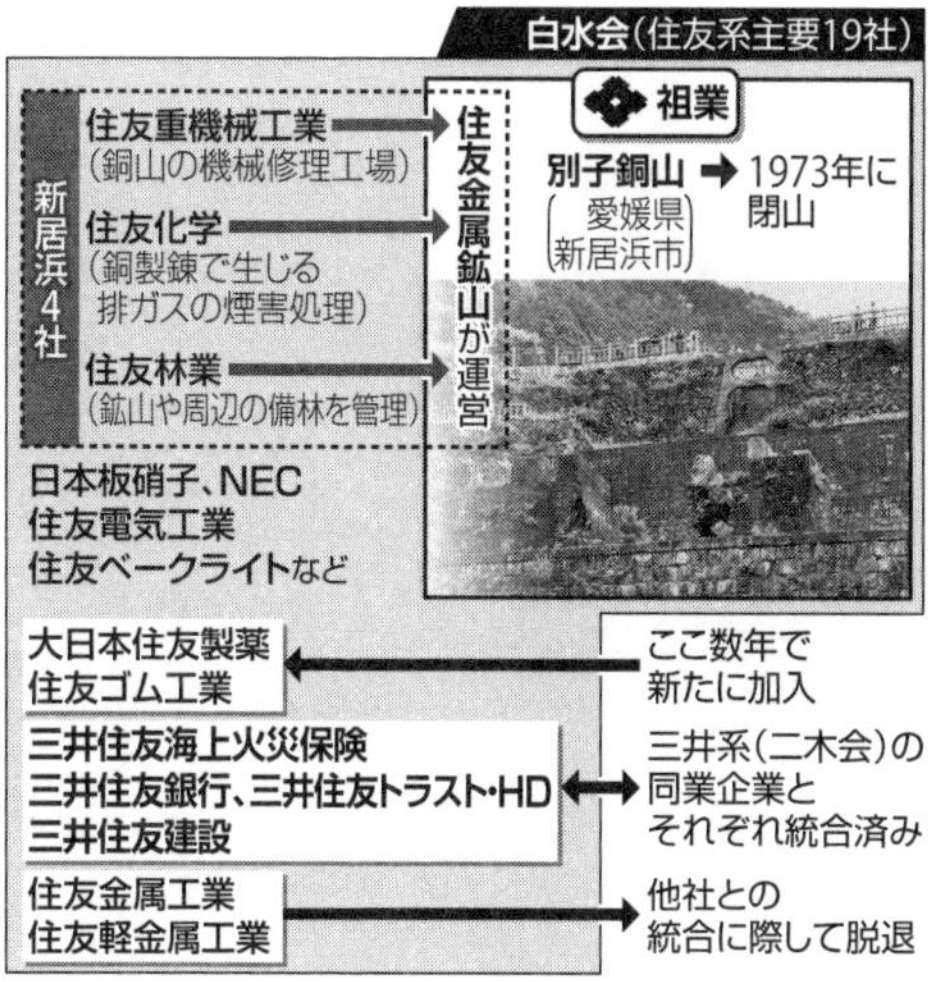

Q＆A

Q　住友の起源は？
A　江戸時代初期、住友政友《まさとも》が京都で書店と薬店を始めた。その後、一六九一年（元禄四年）に開いた別子銅山（愛媛県新居浜市）の採掘を約二八〇年間手がけた。銅山を運営した住友金属鉱山や住友化学、住友重機械工業、住友林業は、祖業につながる「新居浜四社」として、グループで別格の扱いだ。
Q　「白水会」とは？
A　グループの主要一九社の社長による親睦組織で、住友家の屋号「泉屋」の「泉」の字を

「白」「水」に分けて呼んだのが名称の由来とされる。

原則、現役の社長以外の代理出席を認めない厳しい掟《おきて》も残る。各社トップが「家長」と呼ばれる創業家と強い関係を維持しているのも特徴で、その社風は「結束の住友」と称される。

三井住友銀行、住友化学とともに白水会の「御三家」の一角だった住友金属工業は、二〇一二年の新日本製鉄との合併に際して脱退。代わりに住友ゴム工業と大日本住友製薬が加わった。

二〇〇〇年代に入り、都市銀行、信託銀行、損害保険、建設が旧三井系企業とそれぞれ統合し、社名に「三井住友」を冠するようになった。

4　不動の「経済憲法」九条

九条の廃止――。経団連が毎年春、政府の規制改革推進会議に提出してきた「規制改革要望」でここ数年、消えては浮かんでいる文言だ。といっても、戦争の放棄を定めた日本国憲法の第九条ではない。
「他の国内の会社の株式を所有することにより事業支配力が過度に集中することとなる会社は、これを設立してはならない」。独占禁止法の第九条である。企業間の競争活性化を通じて経済を豊かにする役割を担い、経済憲法とも呼ばれる独禁法。その九条は、いくつもの巨大企業を抱える持株会社を禁じている。戦中まで栄華を誇った財閥の復活への防波堤とされた。

終戦の一九四五年、当時最大だった三井財閥は、三井一族が持ち株会社「三井本社」の株式六三・八％を保有、三井物産や帝国銀行（現、三井住友銀行）など三〇〇社近くがぶら下がる巨大企業集団を形成していた。

連合国軍総司令部（ＧＨＱ）は財閥解体を指示、四七年に独禁法は施行された。「戦後の民主化を支えたのは二つの九条だ」。経済関連法に詳しい弁護士の田中雅敏は言う。

経団連は戦後、一貫して経済憲法九条の見直しを訴えてきた。自由な企業活動を阻むという理由だ。政界の後押しもあり、一九九七年には純粋持ち株会社の設立が解禁された。

それでも資産の届け出義務など様々な規制が残る。独禁法の「守護神」である公正取引委員会は、監視を緩めようとしない。経団連は会員企業・団体の意向を踏まえて、二〇一七年まで一二年間にわたって出してきた「独占禁止法第九条の廃止」という要望を一八年にいったん取りやめた。経団連が「護憲派」に根負けした形だが、一九年に復活し、二〇年にも盛り込まれた。一部の会員企業が復活させるように経団連に強く求めたためとされる。

公取委が一四年に発表した報告書によると、国内企業二七九万社の資産合計額は三五八一兆円。うち半分近くを大企業三〇四社で占め、公取委は「九条廃止で競争がゆがめられる恐れがある」と警告した。

◇

昔のような財閥の復活はありえるのか。純粋持ち株会社は設立解禁から続々と誕生し、経済産業省によれば一五年時点で約一〇〇〇社に上る。持ち株会社を核に独占・寡占が生じるような状況はなく、「財閥復活など誰も目指していない」（経団連関係者）。それが「財界総本山」の言い分だ。

旧財閥系グループをみても、企業同士を結びつける資本関係は弱まっている。

三越伊勢丹ホールディングスの会長だった石塚邦雄は一七年、同じ三井グループの金融機関トップの訪問を受けた。長年、互いに持ち合ってきた株式を売却したいという通告だった。「世の中の流れだから仕方がない。これまで築いてきた取引上の関係は変わらない」。石塚は淡々と話す。世の中の流れとは、コーポレートガバナンス（企業統治）改革を指す。日本的な株の持ち合いは、互いに「物言わぬ株主」になりかねないと悪玉扱いされるようになった。

財閥や企業集団に関する著書が多い菊地浩之の試算では、旧三大財閥系グループ内での株式持ち合いは一三年時点で三菱が一三％、住友が六％、三井も五％に過ぎず、バブル期に比べてほぼ半分の水準に低下した。「株主に占める個人や外国人の割合が増え、今も株式の持ち合い比率は低下している。かつての財閥の形は経済合理性に合わない」と菊地は解説する。

三井グループは経団連で存在感をみせてきた。歴代会長一四人のうち、東芝二人、トヨタ自動車二人、東レ一人の五人を輩出した。現在一八人いる首脳級ポストの副会長は、三菱、三井、住友のグループ出身者が一二人を占める。旧三大財閥の影響力は強く映る。

「非三大財閥」の出身である会長の中西宏明（日立製作所会長）は一八年一一月一九日、記者会見で人事のあり方を問われ、こう答えた。「会社の範囲をもっと広げ、本当の意味で日本経済を代表できるような形にしていく必要がある」

旧財閥の活動の舞台もまた、変わっていくのだろうか。

Q&A

Q　三井財閥の成り立ちは？

A　江戸時代前期の一六七三年（延宝元年）、伊勢出身の三井高利（一六二二〜九四年）が「三井越後屋呉服店」（現、三越）を江戸で創業し、両替商などに事業を多角化した。商標の「丸に井桁《いげた》三」は、高利が越後屋ののれんに使ったのが始まりとされる。

戦前は三菱や住友を上回る栄華を誇った。昭和金融恐慌の影響が残る一九三二年、財閥総帥の団琢磨がテロで暗殺された。

Q　二木会《にもく》とは？

A　親睦組織「二木会」は、旧三井財閥を源流に持つか、関係の深い二五社が加盟する。トヨタ自動車や東芝も会員企業だ。社名に「三井」を冠するのは一一社。名称は毎月第二木曜日に例会を開くことに由来する。三菱、住友に比べその結束は緩やかで、その社風も個々を重んじる「人の三井」とされる。

東京都墨田区には、グループの守り神とされる三囲《みめぐり》神社がある。三井の「井」の字をくにがまえで囲むことから、「三井を守る」とされ、境内には、二〇〇九年に閉店した池袋三越から移した三越のシンボル、ライオン像も鎮座する。毎年九月、京都市にある寺院「真如堂」に企業首脳らが一堂に会し、亡くなった社員らの法要を行う。真如堂には家祖と位置づける三井高利夫妻らの墓があり、グループとして精神面での結びつきを再確認する意味合いがある。

5 時代の流れ 変化する主役

東京都渋谷区にある丸紅の代々木寮。独身の男性社員に向け、結婚紹介所への入会を呼びかけるポスターが貼られている。「確かなメンバー層 だから安心」

丸紅など芙蓉グループ約四〇社が資金を出し合い運営するのが「芙蓉《ふよう》ファミリークラブ」だ。会員は芙蓉各社の社員や親族、その推薦を受けた人など。一九七七年の設立以来、約二万三〇〇〇人の男女が利用し、一六五〇組の「芙蓉カップル」が誕生した。社員らの登録料は六万円（税別）、成約金八万円と民間事業者に比べれば格安だ。「芙蓉のつながりで良縁を求める人は確実に増えている」。事務局長の西晶彦は胸を張る。

ハスの花の古名とされる芙蓉は、富士山の雅称としても使われる。終戦後の財閥解体前まで、三菱、三井、住友とともに四大財閥と称され、金融を源流とする安田財閥の流れをくむ。

四八年、中核の安田銀行を基に誕生した富士銀行を中心に、系譜が同じ企業や取引先で企業集団を形成した。六四年、富士銀行が主導し、融資先などの主要二二社で芙蓉懇談会を結成。安田火災海上保険（現、損害保険ジャパン日本興亜）、安田生命保険（現、明治安田生命保険）から丸紅飯田（現、丸紅）、日本鋼管（現、JFEスチール）、山一証券、日立製作所など名門企業が並んだ。現在、懇談会には六〇社以上が参加する。

芙蓉の命運を大きく変えたのが、九七年の金融危機だ。山一は自主廃業し、富士銀は日本興業銀行、第一勧業銀行と統合し、「みずほフィナンシャルグループ（FG）」となった。日本鋼管や安田火災も他社との統合で生き残りを図り、「安田」を冠する企業の数は大きく減っている。

◇

その「芙蓉」が二〇一八年、経済界で話題を振りまいた。

五月、経団連会長に日立製作所会長の中西宏明が就き、一一月中旬には、経済同友会の代表幹事に安田火災などを前身とするSOMPOホールディングス（HD）社長の桜田謙悟が内定した。日本商工会議所を含めた「経済三団体」のうち二つのトップを芙蓉が占め、「三菱、三井、住友さえ成し遂げなかった快挙」（芙蓉関係者）。だが桜田は記者会見で、淡々と語った。「富士や安田というのは、さすがに四〇年ほど前の話。あまり僕自身、意識したことはない」

一八年一一月二二日夕、皇居に面して立つパレスホテル東京四階の宴会場「芙蓉」。みずほFG傘下企業など、芙蓉グループ四十数社の社長らによる年一回の懇親会が開かれた。

だが、日産自動車社長の西川《さいかわ》広人の姿はなかった。急遽《きゅうきょ》欠席した西川は、横浜市内の日産本社で、三日前に有価証券報告書の虚偽記載事件で逮捕された会長、カルロス・ゴーンを解任する臨時取締役会に臨んだ。日産は戦前・戦中の十大財閥の一つ、鮎川財閥（日産コンツェルン）を系譜に持つ名門。だが「今はルノー傘下だし、〝芙蓉〟の意識は薄いのでは」と芙蓉グループ企業幹部は冷静だ。

　銀行と取引先企業とのつながりが中心だったためか、各社の結束は弱い。「離婚が少ない」（事務局長の西）とされる「芙蓉夫婦」とは大違いだ。

◇

　金融を源流とする財閥では、野村も財閥時代のつながりは薄い。

財閥・企業グループの変遷

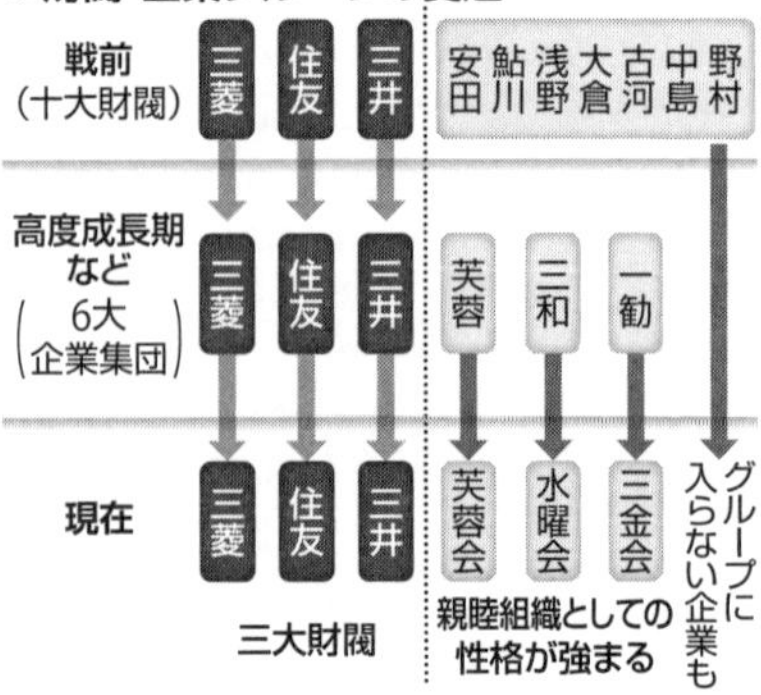

　一八年八月、りそな銀行大阪営業部。同行のルーツとなる旧大阪野村銀行の創立一〇〇年の式典で、野村財閥の祖業「野村徳七商店」の看板が掲げられた。りそな銀が野村HDと同じ財閥の流れをくむと意識されるのはこんな時ぐらいだ。

　財閥や企業集団の主役は、経済構造や時代の流れに沿って大きく変化する。

　新たな「財閥の雄」はソフトバンクグループ。グループの創業者、孫正義は若かりし頃、「これを機にインターネット財閥を構築したい」と公言した。二〇年以上たち、グループは企業の合併・買収（M&A）を通じて子会社数は約一一四〇社（二〇一八年三月）に拡大した。ソフトバンクグループの時価総額は一〇兆円を超え、三菱金曜会に参加する上場企業二一社をいずれも上回る。

「三〇〇年先まで続く会社にしたい」。「財閥」トップの野望は続く。

Q&A

Q　芙蓉グループとは？

A　一九六四年、富士銀行が主導し、融資先などの主要二二社で芙蓉懇談会を結成した。三菱、三井、住友の旧三大財閥系企業が、それぞれ社長会を作ったことに対応したとされる。現在、懇談会には六〇社以上が参加する。東京大学本郷キャンパスにある安田講堂は、富山県出身の財閥創始者、安田善次郎が寄付したことで知られる。

Q　ほかの旧財閥やグループの状況は？

A　戦前・戦中までは四大財閥に、浅野、大倉、野村などを加え十大財閥とも呼ばれた。

銀行を核とする企業集団では、芙蓉のほかに、三水会（旧三和銀行系）、三金会（旧第一勧業銀行系）なども結成されたが、いずれも親睦会としての性格が強いとされる。

6　歴史の陰に米欧財閥

二〇一七年三月、大富豪死去の悲報が世界を駆けめぐった。米国のロックフェラー家の三代目当主で銀行家のデービッド・ロックフェラー。一〇一歳の大往生だった。石油や金融大手に強い影響力を持つ財閥の盟主の死去にあたって、追悼文を送って生前の功績をたたえた日本企業がある。三菱地所だ。

両者の因縁は深い。バブル期真っ盛りの一九九〇年。ニューヨークの五番街にある七〇階建ての超高層オフィスビル「ロックフェラーセンター」を一二〇〇億円（当時）で取得したのが三菱地所だ。毎冬、豪華に飾られるクリスマスツリーが市民に愛される名所である。

米国の魂を買った——。ジャパンマネーをうならせた三菱地所と、売却した「三代目」の双方に、米国世論の強い批判が向かった。三菱地所が「米国の魂」を手放したのはわずか六年後。バブルは崩壊し、陶酔の時代が終わった。約一五〇〇億円の特別損失で最終赤字に転落した。

失意の撤退から二〇年余り。今も、三菱地所の最大の米国子会社は「ロックフェラーグループ（ＲＧＩ）」と、ロックフェラーを冠する。二〇一六年まで二年間、ＲＧＩ社長を務めた三菱地所執行役常務の中島篤は指摘する。「知名度や存在感は抜群で、ビジネスがしやすい。会社に愛着を持つ古株の社員も多く、三菱と雰囲気が似ている」

日本経済を揺るがす大事件や問題が起こるたびに、ロックフェラー、ロスチャイルドの二大米欧財閥系の影が見え隠れしてきた。

一〇年に経営破綻した日本航空。アメリカン、デルタの米航空大手二社は日航との提携をめぐり、争奪戦を繰り広げた。元米運輸長官ノーマン・ミネタは二〇〇九年暮れ、アメリカンのロビイストとして両親の母国、日本を訪れ、政権幹部に訴えた。時の政権は民主党だ。「日露戦争の時のように、日本航空も支援したい」

一九〇〇年代初頭、日本が大国ロシアを破った裏で、当時の日本銀行副総裁・高橋是清の要請を受けたロスチャイルドは、その他の財閥とともに日本の戦時国債を購入して戦費の過半相当を肩代わりした。大正期の関東大震災後にも復興国債を引き受け、財政面で日本の復興を支えたという。

ミネタ発言がどこまで影響したかは不明だが、ロスチャイルド系とされる米投資ファンドTPGと組んだアメリカン航空が日航の経営再建を支える計画が通った。

二〇一一年三月に発生した東京電力福島第一原子力発電所事故。原発を所管する経済産業省や政府関係者をロスチャイルド関係者が度々訪れた。ロスチャイルドは、欧州各国政府の電力政策でアドバイザー的な立場で影響力を持つ。だが東電の再建計画を主導したのは、メインバンクの三井住友銀行。ロスチャイルドが介入する余地はこの時はなかった。

◇

米欧財閥系も、グループが徐々に分散し、結束は緩やかで存在感は以前ほどではない。一方、新興国では、政治と結びつき経済成長の原動力となっている。インドのタタ・グループやタイのチャロン・ポカパン（CP）などが有名だ。

伊藤忠商事は一五年、そのCPと共同で、中国中信集団に一兆二〇〇〇億円を投じた。中信は国有複合企業で、いわば中国政府系財閥。一九七九年の設立当時、最高指導者の鄧小平《トンシャオピン》も関与したとされる。伊藤忠はCPにも八〇〇億円余りを出資する。

伊藤忠は大阪の繊維問屋を源流とする非財閥系だ。アジアの二つの「財閥の雄」との関係強化は、財閥系の三菱商事、三井物産を凌駕《りょうが》する切り札。二〇一六年三月期、伊藤忠は最終利益で初めて商社業界トップに立った。だがその後――。一八年一一月、伊藤忠は中信出資に絡む損失処理で一〇〇〇億円以上の損失を計上した。

「虎穴に入らずんば虎子を得ず」。一五年、伊藤忠の実力社長、岡藤正広はこう胸を張った。財閥という「虎」との付き合いは一筋縄ではいかないようだ。

Q&A

Q　ロックフェラーとロスチャイルドとは？

A　ロックフェラーは、米石油大手エクソンモービルの母体となるスタンダードオイルを創業したジョン・ロックフェラーが作り上げた大財閥。金融業など様々な企業を傘下に収め拡大した。現在は名前を冠した財団や大学も活発に活動している。

ロスチャイルド家の初代マイヤー・アムシェルはユダヤ系とされ、一八世紀後半、ドイツで金融業を手がけた。商才豊かな子息らが欧州を中心に金融業を拡大させた。

Q　新興国の財閥はどんなものがあるのか？

A　インドのタタ・グループやタイのチャロン・ポカパン（CP）、中国中信集団などがある。

韓国では二〇一四年、韓進グループの経営者一族で、傘下の大韓航空副社長の女性が、客室乗務員のナッツの提供方法にクレームをつけ、搭乗機を引き返させた「ナッツリターン事件」が起き、財閥の横暴として批判を浴びた。食品大手で有名なロッテも、韓国ではホテルや金融など幅広い事業を展開する財閥だ。

インタビュー

日本の経済界は、経団連、経済同友会、日本商工会議所という経済三団体が先導し、有力企業は、自らの源流の旧財閥が核となる企業集団を形成する構図が長年続いてきた。経済がグローバル化し、産業構造が転換期を迎える中、今後のあり方について経済団体首脳に聞いた。

（二〇一八年一二月二五日掲載）

個々の企業が力を持て

経済同友会代表幹事　小林喜光《こばやしよしみつ》氏（七二）
三菱ケミカルホールディングス会長

戦後から高度成長期には、同じ源流を持つ異業種の企業が集まって三菱や三井、住友といった企業集団を構成することは、大量生産に対応した経済システムとして効果的だった。

だが、この七〇年余り続けてきた経済社会システムは壊して、財界トップの考え方を変革していかないといけない。テクノロジーが社会を変え、デジタル化が進む。個々の企業が力を持たないといけない。グループで戦う時代ではもうない。

デジタル化だけが理由ではない。金融庁のコーポレートガバナンス・コード（企業統治指針）にあるが、資本は効率的に運用することが求められる。企業集団の各社が株式を持ち合うことに合理性がなくなっている。

一方、アジアを中心とした海外では、例えば、（三菱のマークの）スリーダイヤは強い信頼性を持つ。ソニーやトヨタといった企業が自社のブランドを守るのと同様に、一五〇年近く続く三菱ブランドを高めていくことは当然と考える。

同友会や企業グループでは、社長候補らの役員にトップになるためのセミナーを行っている。経済団体や企業グループは経営者教育などに存在意義を見いだすのかもしれない。

結束力の低下を止めたい

関西経済連合会会長
住友電気工業会長　松本正義《まつもとまさよし》氏（七四）

この夏、二〇二五年国際博覧会（万博）誘致委員会の会長代行として、住友系企業一九社の社長で作る白水会に出席し、「皆さん、元々の住友の地盤・大阪で開催するんですよ。何とか開催しないとあきまへん」と、協力を呼びかけた。

住友、三井、三菱という旧三大財閥の系譜を持つ各企業グループは、かつてほどの結束はなくグループの力は全体として落ちているが、その流れを加速させてはいけないと考えた。

特に住友は、他の財閥と比べて、住友家が強い求心力を依然持っている。多くの住友系企業の本社は東京に移ったが、住友グループの結束を改めて考える契機としたかった。

住友の事業精神の一つに、「萬事入精《ばんじにっせい》」という言葉がある。安易な利益追求に走らず、人間を磨き、人格豊かに成熟するという教えだ。「公益資本主義」や「CSR（企業の社会的責任）」の考え方にも共通する。

社会的意義を考えるという意味では、経済団体も同じ。万博は新しい概念やアイデアを展示して将来のビジネスに具現化するための場。AI（人工知能）などが進展する中、個々の企業が投資をして産業が育つ環境作りを支えるのが、関経連であり、経済団体の役割だ。

第三章　就職活動

1　常態化した採用抜け駆け

経団連が定める就職活動のルール「採用指針」に沿い、会社説明会の解禁が三月一日に迫った二〇一九年の就職戦線。グローバル競争に勝ち抜く人材の獲得に向け、企業や産業界は、就活ルールの廃止、新卒一括採用の見直しに乗り出した。

二月一日午後、明治大学駿河台キャンパス（東京都）の大ホール。二〇年春入社の就職戦線に向けた恒例の「就活出陣式」が開かれた。一〇〇〇人近い大学三年生らの熱気に包まれた会場。壇上から応援団班長で、自らも就活を間近に控える岡田尚大が「気合を入れていくぞ」と叫び、気勢を上げた。だが、経営学部三年の男子学生は「二年生からインターンシップに参加している。就活は終盤戦です」と冷ややかだ。

就活ルールが定める解禁日を抜け駆けする企業の動きは広がり、すでに多くの企業が事実上の会社説明会や面接などを行っている。一月下旬、都内にある高層ビルの一角で、合同会社説明会が開かれた。もちろん解禁前だが、説明会を主催した企業の担当者は悪びれない。「もはや就活ルールはないも同然だ」

就職情報会社ディスコによると、一月一日時点で四・七％、二万人近くの大学三年生が内定を手にした。前年同期より一・六ポイント高く、ディスコ上席研究員の武井房子は「前年より一か月、早期化が進んだ」と見る。

背景にあるのが、空前の売り手市場。少子高齢化や堅調な企業業績が「買い手」の危機感を強める。リクルートの調査では一九年春卒業予定の大卒求人倍率は一・八八倍と、七年連続で上昇した。「ルールを守っていたら他企業に出遅れて採用できない」（大手企業の人事担当者）。

◇

ルールを破るのは企業ばかりではない。不況で買い手市場になれば、学生たちが抜け駆けする。地方から上京し、高田馬場に下宿する青年は、大学を卒業後に就職活動を始める。「僕は大学を卒業してるんです」。紹介状を持って臨んだ志望企業の面接で、受付の仕事を紹介されて意気消沈する——。一九二九年に公開された小津安二郎監督の映画「大学は出たけれど」の一幕だ。前年の二八年に出来た就活ルールの原型は、「企業の採用活動は大学を卒業した学生を対象とする」と定めた。

映画は昭和恐慌で企業が採用を抑制するなか、就活に苦労する姿をコミカルに描いた。青年はルールを守って出遅れた形だが、現実には厳しい就職難で学生たちの活動が過熱し、ルールを守らなくなった。就職協定、倫理憲章、採用指針——。昭和から平成にかけ、名前を変えてルールが作られては、形骸化した。

アベノミクスによる景気拡大が続く二〇一六年、経団連が会員企業を対象に行った新卒採用に関するアンケートでは約七〇〇社のうち九割が「採用ルールは守られていない」と答えた。就活の歴史を調べた研究者の平野恵子が指摘する。「就活の九〇年間はルール破りの繰り返しの歴史だ」

就活ルール破りをめぐって一八年一〇月、ＳＭＢＣ日興証券シニアエコノミストの宮前耕也は有名なゲーム理論「囚人のジレンマ」を使って分析したリポートを発表した。他社に抜け駆けした方が、より多くの優秀な学生を採用しやすくなって自社の利益は大きくできるため、企業にとっては合理的な行動となる。だが、抜け駆けの動きが広がると、就職戦線が早期化し、準備が整わないまま選考に臨む学生が増える。宮前は「企業も自らのニーズに合わない人材の採用を余儀なくされ、最終的には自社の利益を最大化できないというジレンマを抱える」とも指摘した。実際、学生がもらう平均内定数が増えれば、入社までに辞退する学生の数も増える。その分、企業は欠員募集などを迫られ、採用コストが膨らむ。内定は出したけれど――。

◇

「経団連が日程を決めること自体に極めて違和感がある」。一八年九月三日、就任から三か月たったばかりの経団連会長、中西宏明は、採用指針の廃止を表明した。ルール適用は就活中の大学三年生（当時）が最後となる。

経団連は一八年春から、採用指針見直しの検討に内々に着手していた。浮上した見直し案は四つ。二つは日程を変更する案、一つは表現を微修正する案。残る一つが採用指針の廃止だった。

経団連事務局は中西が会長に就任する五月末前後から、首相官邸への根回しを始めた。狙いは中西が求める「指針の廃止」。だが、早くも大学側から強い反対論が寄せられ、調整は難航した。経団連会員企業の足並みも乱れていた。

局面を一変させたのが、突然の九月三日の中西発言だった。事務総長の久保田政一が振り返る。

「あの発言がなかったら、採用ルール撤廃は実現しなかった。中西会長の戦略勝ちだ」

中西が廃止を表明したのは、企業が横並びを強いられることへの不満ばかりが理由ではない。就活ルールと表裏一体の存在だった新卒一括採用の見直し、さらにはそれを入り口に、年功序列や終身雇用といった日本型雇用制度の打破を見据える。首相の安倍晋三の掲げる雇用改革と符合するとの読みもある。安倍との距離の近さが、中西の決断を後押しした。

政府主導のルール作りを提示し、大学や文部科学省の強い不満を抑え込んだのも官邸だった。当時、文科省は汚職事件で幹部が逮捕され、存亡の危機に直面していた。中西は周辺にこう、うそぶいた。「今、文科省はそんなこと言っていられる状況ではないでしょう」

就活がいつしか、政治問題となった。

Q&A

Q　新卒採用の歴史は？

A　一八七五年（明治八年）に慶應義塾から日本郵船などの源流企業、三菱商会に入社した荘田平五郎が第一号とされる。三菱は四年後から新卒者の定期採用を始めた。荘田は日本郵船などの経営トップを歴任し、「三菱の大番頭」と呼ばれた。

多くの企業が横並びで、同じ日程に沿って学生の選考を行う雇用慣行を新卒一括採用と呼ぶ。学生は在学中に就職先を決め、卒業と同時に新入社員として働き始める。年功序列や終身雇用という日本型の雇用システムを支える仕組みだ。

欧米では既卒者も含めた通年採用が一般的だ。数か月単位の有給インターンシップ（就業体験）で能力を見極めた上で採用を判断することが多い。新卒採用は、米国では難関大学を卒業した優秀層を対象に例外的に行われている。

Q　就活ルールとは？

A　新卒一括採用では、企業と学生がそれぞれ横並びで活動する目安が必要とされてきた。経団連が定め、二一年春入社組から政府が引き継ぐことになった現行ルールは、会社説明会は「三年生の三月」、面接など選考は「四年生の六月」、正式な内定は「四年生の一〇月」が解禁となる。

違反しても罰則がない紳士協定で、ルールを破る抜け駆け選考が広がっている。一九七八年、違反企業に対して「注意」「勧告」「企業名公表」といった制裁措置を労働省（当時）が設けたこともある。だが、監視の目をかいくぐって抜け駆けをする動きが出て抑制効果は小さく、数年後、撤廃された。

就職氷河期の九〇年代後半には、就職協定が廃止され、新たに倫理憲章が始まった。当初は、日程が完全に自由化されたが、企業がより早期に学生を囲い込む「青田買い」を行い、大学側からの批判が高まった。二〇〇三年に解禁日が復活した。

Q　どうやって抜け駆けするのか？

A　同じ大学出身の先輩社員が学生と面談する「ＯＢ訪問」やリクルーター制といった形が定着しているほか、一〇年前後からインターンを行う企業も増えた。一八年度にインターンへ参加した学生は七割を超えたとの調査もある。

2　官邸に譲歩　混乱を招いた指針変更

二〇一八年一〇月一五日。東京・永田町の合同庁舎八号館会議室に内閣官房、文部科学など関係省庁の局長級らが集まった。テーマは就職活動ルール。経団連が「採用指針」撤廃を表明したことを受けた初会合だった。

「日程に関する方針を早期に策定すべきだ」。経済産業省経済産業政策局長の新原浩朗が有無を言わせぬ口調で提案すると、政府主導のルール作りがあっさり了承された。

その三か月前まで首相の安倍晋三側近の「官邸官僚」だった新原。労使の反発を説き伏せ、安倍肝いりの働き方改革を実現に導いた腕力を持つ。経産省に戻り、首相の意向を背に「就活」政策を主導する。オブザーバーとして参加した経団連事務総長の久保田政一や大学の代表者に、異論や要望を挟む余地はなかった。

歴代内閣で、就活の政策としての優先順位は決して高くなかった。少子化で高齢者が発言権を強める「シルバー民主主義」が時代を覆う。就活世代は投票所に足を運ばず、票田にならない。かつて自民党で「新卒者の就職活動を支援する議員連盟」事務局長を務めた元衆院議員の宮崎謙介が振り返る。「政治家の関心は驚くほど低かった」。長年、就活は文科省主導の教育行政の一環にとどまっていた。

採用ルールを巡る政府と経団連の関係

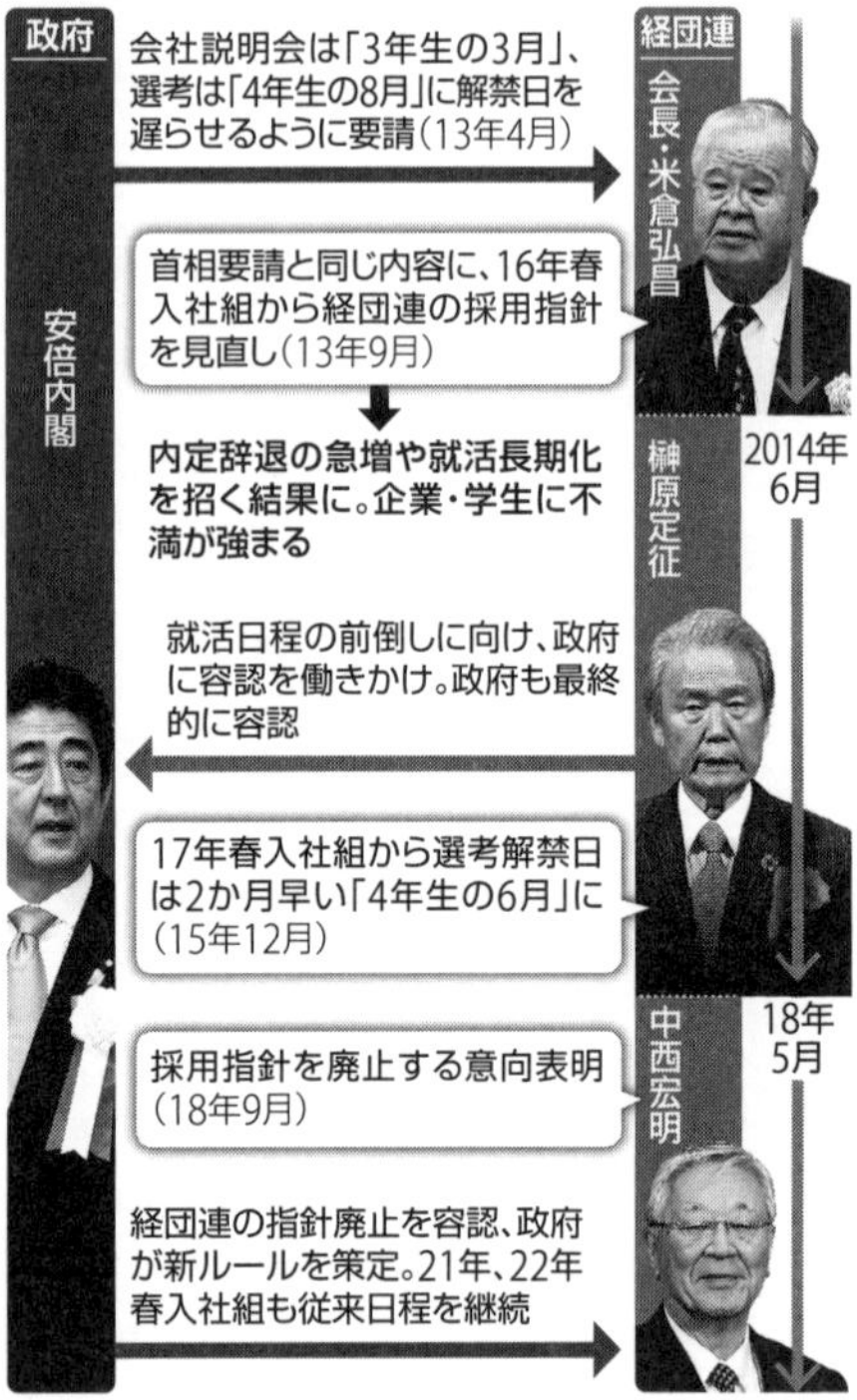

政府
安倍内閣
経団連
会長・米倉弘昌
榊原定征
中西宏明
2014年6月
18年5月
会社説明会は「3年生の3月」、選考は「4年生の8月」に解禁日を遅らせるように要請（13年4月）
首相要請と同じ内容に、16年春入社組から経団連の採用指針を見直し（13年9月）
内定辞退の急増や就活長期化を招く結果に。企業・学生に不満が強まる
就活日程の前倒しに向け、政府に容認を働きかけ。政府も最終的に容認
17年春入社組から選考解禁日は2か月早い「4年生の6月」に（15年12月）
採用指針を廃止する意向表明（18年9月）
経団連の指針廃止を容認、政府が新ルールを策定。21年、22年春入社組も従来日程を継続

だが、第二次安倍内閣が一二年一二月に発足後、就活は官邸案件に昇格する。若年層の支持の高さと無関係ではない。本紙世論調査によると、一八年七月までの平均内閣支持率は、「一八～二九歳」が六一％と最も高く、中高年層が低い。歴代内閣とは対照的な傾向だ。

一三年、「日本再興戦略」に経団連の就活ルール変更を盛り込んだ。安倍内閣が中長期の成長戦略を示す「未来投資戦略」の前身となる大方針だ。会社説明会の解禁日は「三年生の三月」、面接など選考は「四年生の八月」――。従来の日程より三～四か月遅らせるよう経団連に求めた。政府は狙いをこう説明した。「大学時代に勉強に集中できる時間を確保し、留学の促進を通じて若者の活躍につなげる」

ただ、目玉だったはずのルール変更は大混乱を招いた。新ルールで行われた一五年の就職戦線。企業は内定辞退の急増に見舞われ、学生は真夏にリクルートスーツでの就活を強いられた。

実は混乱を予想した経団連は当初、日程繰り下げに強く反対していた。だが会長の米倉弘昌（当時）が首相官邸で安倍から直々に要請され、変更に応じざるを得なかった。結果、「懸念した通り」（経団連幹部）の事態。批判の矛先は経団連に向かい、事務局には就活生から不満や苦情の電話が相次いだ。筋違いとも言える非難だが、米倉の後を継いだ榊原定征は矢面《やおもて》に立ち続け、沈黙する安倍官邸を守った。

それから三年。榊原の後任となった中西宏明は採用指針の撤廃が持論だった。各界への根回しを担った事務総長の久保田が頼ったのが新原。「官邸を守った恩を返してもらう番だ」。経団連会員企業の幹部は解説する。

◇

一八年九月、自民党総裁選の告示四日前。東京都立川市内での党の集会で、男子大学生が就活早期化への不安を口にすると安倍はこう応じた。「経済界は採用ルールをしっかり守っていただきたい」

就活問題を重視する姿勢で若者をさらに取り込み、連続三選に弾みをつけたい。そんな思惑が透ける。これまで企業の自主性や市場原理に委ねてきた問題に介入する構図は、経済界に賃上げを要請する「官製春闘」にも重なる。

一九九〇年代後半から二〇〇〇年代前半、金融危機を背景に企業は採用を大幅に絞り、当時の就活生は「氷河期世代」と呼ばれた。今、多くが四〇代を迎えた「ロスジェネ（失われた世代）」は、約四〇〇万人が非正規雇用のままだ。政府が就活に介入して学生を守る意味は大きい。求むべきは、政・財の綱引きではない。ロスジェネを再び生まない就活政策だ。

Q&A

Q　経団連の採用指針とは？

A　正式名称は「採用選考に関する指針」。経団連の会員約一六〇〇社・団体が大学生らの採用活動を行う際のルールとなる。細かい留意点などを規定した「手引き」もある。解禁日などの日程のほか、インターンシップ（就業体験）の実施方法や、大学内セミナーに企業が参加する際の注意点なども盛り込まれている。

Q　守られているのか？

A　経団連は会員企業に対し、順守するように求めている。だが、破っても罰則がないため、解禁日前に抜け駆け選考する企業も増えている。経団連会員でない外資系企業やIT系企業が表だって早期から採用活動を行い、優秀な学生を囲い込んでいることへの不満も強い。二〇一八年秋、会長の中西宏明が二〇年春入社組を最後に撤廃することを決めた。

3　受難の「氷河期世代」

今の月給では、家庭も子どもも持てません――。非正規労働者ら約一六〇人が加入する労働組合「なのはなユニオン」。千葉県船橋市の古びたマンションにある一室で、委員長の鴨桃代は、労働者

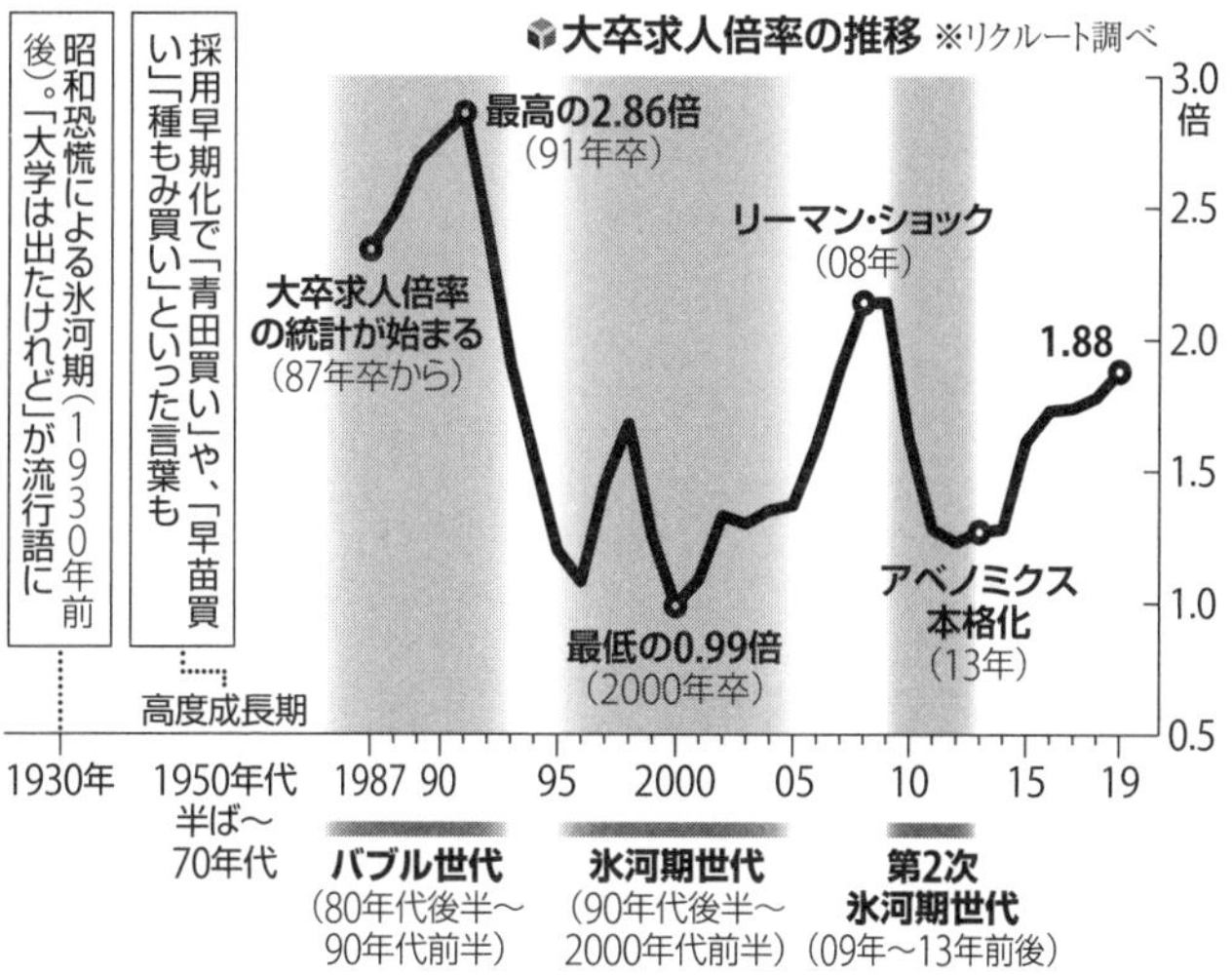

の悲痛な叫びに耳を傾ける。

夢の国「東京ディズニーランド」を運営するオリエンタルランドで非正規として働く数十人も加入する。七～八割が四〇代。「もっと残業をさせてほしい」「これ以上、非番の日を増やさないでほしい」。会社側との交渉では、最低限暮らせるだけの収入を得られる労働時間を求める。長時間労働の是正に向け、働き方改革を進める正社員とは見える風景が異なる。

氷河期世代。一九九〇年代後半から二〇〇〇年代前半までの約一〇年間に就職活動し、厳しい就職難にあえいだ世代は四〇代に突入した。

◇

バブル崩壊後、景気が低迷し、「失われた二〇年」が始まった。二〇〇〇年春入社組の大卒求人倍率は〇・九九倍と一倍を割り込んで過去最低となった。就職活動をする大学生一人あたり、一件未満の求人しかないことを意味する。多くの就活生が希望する企業に就職できず、非正規での雇用も多かった。

氷河期に呼応するかのように、政府主導で労働・雇用分野での規制緩和が進んだ。一九九九年の労働者派遣法改正で、派遣対象が大幅に自由化された。「個人の特性に見合った多様な選択が可能となるよう、フレキシブル（柔軟）な雇用形態を整備することが肝要である」。九七年、経済三団体の一つ、経済同友会はこう提言した。「多様な働き方」という美名の下、経済界は積極的に後押しした。

だが、氷河期世代で今も非正規で働く約四〇〇万人の多くは「多様な選択」の結果ではない。リーマン・ショック後には「派遣切り」の苦汁もなめた。いつしか、「ロストジェネレーション（失われた世代）」を略した「ロスジェネ」と呼ばれるようになった。

◇

「安定した仕事に就くことで自立を支援していくことが重要だ」。二〇一九年二月一日に開かれた参院本会議の代表質問。ロスジェネに対する政府の支援策を問われた首相の安倍晋三は淡々とした口調で応じ、厚生労働省が取り組む施策「地域若者サポートステーション」の拡充を付け加えた。

通称、サポステ。全国一七五か所で専門相談員が就労支援を行う。一七年度は九〇〇〇人弱が就職した。ほとんどのサポステで対象は一五～三九歳。拡充で一二か所は四〇代以上も対象とするが、氷河期世代の多くは政府から見放されているかにも映る。

企業も氷河期世代の採用に消極的だ。政府は一七年度から、氷河期世代を正社員として採用した企業に一年に限り最大六〇万円を助成する制度を始めた。だが、一八年度の関連予算約一〇億円に対し、一九年二月までに支給されたのは約四五〇人に対する一億円余りにとどまる。

実は、安倍は二〇〇六年にも、「再チャレンジ」を掲げ、氷河期世代の正社員化を目指す政策を打ち出した。第一次安倍内閣はわずか一年で退陣に追い込まれ、道半ばとなった。一二年一二月に首相に返り咲いた安倍は、自らの再チャレンジは果たしたが、雇用政策での熱意は、高齢者や若者に向かう。

◇

ワンチャンス就職。経済同友会代表幹事だった小林喜光はかつて日本の就活をそう表現し、見直しを訴えた。学生が横並びで就活を行う新卒一括採用は、一度きり。失敗すれば挽回《ばんかい》は難しい。就活時期の景気に左右される運試しで人生を決めていいのか――。

小林自身、大学院修了後に二年間留学し、二八歳での就職活動に苦労した。留学から帰国したところ、すでに採用活動は終わっていた。三菱化成工業（現、三菱ケミカルホールディングス）に勤めている同級生から人事部の連絡先を聞いて電話し、論文三本を持って同社を訪れたことで人事担当者に気に入られた小林は、新卒ではなく中途採用として入社した。そんな自身の経験があるからこそ、新卒一括採用の打破を信念として持つ。

景気による採用の増減を繰り返した企業は、従業員の年齢構成がいびつになり、人員配置に影響も出ている。

二〇年後、非正規のロスジェネたちは退職金が受け取れない。生活保護受給者の予備軍は一〇〇万人規模、生活保護費は一〇兆円規模との試算もある。その場しのぎの雇用政策が、将来につけを回す。

◇

政府が本腰を入れ始めたのは二〇一九年六月のことだ。「経済財政運営と改革の基本方針」（骨太の方針）の中で、氷河期世代への支援策を打ち出した。職業訓練や採用企業への助成金拡充などの支援を集中して行い、三年間で正規雇用を三〇万人増やすことが目標だ。一九年度の補正予算を含めて三年間で約六五〇〇億円の予算措置を決めた。一二月には行動計画を策定し、民間企業や地方自治体での正規雇用促進を中心に、国家公務員でも内閣府や厚生労働省で中途採用の募集を始めることにした。

その年の九月下旬、兵庫県西宮市の関西学院大学西宮上ケ原キャンパス。三六～四五歳の男女約五九〇人が一次試験の筆記試験で鉛筆を走らせた。同県宝塚市が氷河期世代を対象に実施した事務職員の採用試験は、三人の採用枠に対して一八一六人の応募が殺到。市は、急遽《きゅうきょ》一次試験の会場を三か所から同キャンパスなどを加えた一〇か所に増やした。二次の面接、最終面接を経て、予定より一人多い四人が合格したが、それでも競争率四〇八倍という極めて狭き門だった。

その一人、宝塚市在住の女性（四五）は、非正規だった前職の退職が決まり、転職活動を進める最中にたまたま目にした市役所のＨＰで募集を知った。二次、最終の面接では氷河期世代の苦労ではなく、将来への希望を語った。「一人の力は小さいが、子どもの未来を何とかするために力を尽くし、地域に貢献したい」

女性は、自身が新卒時に行った就職活動とその後の人生を「いす取りゲーム」にたとえる。新卒での就活に失敗すると、他の人がそのいすに座ってしまい、その後は自分が座るいすはない。大学在学中に一〇〇社以上に履歴書を送り、約一〇社の面接に進み、外食産業の一社から内定を得た。希望した研究職ではなく店舗の運営業務に配属され、二か月で退職した。その後、アルバイト先で知り合った男性と結婚して、子どもを二人もうけるが離婚。非正規の仕事を続けてきたものの、元夫から生活費はもらえず、苦しい生活が続いたという。

二〇年一月六日、超難関を突破した四人は同市役所で辞令交付式に臨んだ。市民税課に配属された四一歳の吉川朋は、代表して「就職氷河期世代としてさまざまな困難を経験してきましたが、それぞれの経験を生かして市民に寄り添う行政マンになりたいと思います」と決意を示した。市長の中川智子は四人に語りかけた。「どうか健康に気をつけて、定年まで勤め上げてください」

宝塚市のほか、兵庫県（募集人数、一〇人程度）、東京都多摩市（同、七人）、群馬県渋川市（同、若干名）など、全国の自治体でも氷河期採用の取り組みが相次いで始まった。

◇

政府の取り組みに呼応して、総合物流「山九」（東京都）は二二年までの三年間で計三〇〇人の採用枠を設けた。人材大手パソナグループも三〇〇人を正社員として二〇年四月以降に採用する。職種によって違いはあるものの年収は四〇〇万～六〇〇万円で、非正規職に比べれば好待遇といえる。

だが総じて民間の動きは鈍い。厚生労働省は全国一八か所のハローワークで三五～五四歳の求人に限って企業から募集したところ、一九年一〇月末までの約二か月間に四三四件の求人が寄せられたが、実際に正規雇用で採用されたのは一六人に過ぎない。二〇年度には全国のハローワーク約六〇か所に専門窓口を設ける計画だが、企業が本音では氷河期世代の採用に慎重なのだ。

経団連は一九年九月、政府の氷河期世代対策に待ったをかける提言書を発表した。政府は氷河期世代の職業能力の開発に、企業側が負担する雇用保険二事業の保険料などの積立金を活用する方針だが、経団連はその際に政策目標を明確にし、効果を検証することが必要だと訴えた。

Q&A

Q　就活市場の「売り手」と「買い手」とは？

A　好景気で企業が採用数を増やすと人手不足感が強まり、学生側が優位になる。これを「売り手市場」と呼ぶ。景気悪化などで採用数が減れば、企業は学生を確保しやすく「買い手市場」となる。深刻な不況による極端な買い手市場は「就職氷河期」と呼ばれた。

Q　売り手市場が最も強まったのは？

A　リクルートが調査している就活生一人あたりの求人数を示す大卒求人倍率は、現在の統計が始まった一九八七年入社組以降で、バブル期の九一年入社組が二・八六倍と最も高い。当時の就活生を織田裕二が演じた映画「就職戦線異状なし」（九一年公開）がヒットした。現在も売り手市場とされるが、バブル期やリーマン・ショック（二〇〇八年）前の水準には届いていない。

昭和恐慌の一九三〇年前後は、大卒者の二人に一人しか就職できなかったとされる。小津安二郎監督の映画「大学は出たけれど」（二九年公開）は、就活に苦労する青年が主人公で、題名は当時、流行語にもなった。

4　産学協議「学生不在」の舌戦

二〇一九年一月三一日朝、東京・大手町の経団連会館。上座には東京大、京都大、明治大の学長ら。下座に経団連会長の中西宏明、新日鉄住金社長（現、日本製鉄）の進藤孝生ら。教育に一家言ある論客が居並んだ。「採用と大学教育の未来に関する産学協議会」（大学側座長＝山口宏樹・埼玉大学長）の初会合だった。

「就職活動の早期化は学習環境を破壊する」

「就活への基本的な考え方は今後の議論にかかわらず変わらない」

大学トップらの「まるで放言大会」（関係者）のような注文に対し、経営者の意見は一般論が多く、原稿を棒読みする姿もみられた。「これでは文部科学省の審議会と同じ。もっと本質的な議論を」。国立大学トップの一人は苦言を呈した。

結論の見えない空中戦の前段に、中西の挑発がある。一八年九月の定例記者会見。

「大学は自分の授業に自信がないのですか」

「産業・経済活動に有益な勉強をさせることが重要」

大学批判を繰り返し、中西は議論を呼びかけた。「ミニ爆弾」（大学関係者）が波紋を呼んだ。

大学側には、就職活動を見据えたインターンシップ（就業体験）などの活動が、学業にかける時間を減らしてしまうことに強い危機感がある。関係者は「大学は就活でゼミを休む生徒を、泣く泣く公欠扱いにして送り出している」と嘆く。

◇

一九年春、協議会には、求められる人材像と大学教育、採用とインターンシップのあり方、地方大学の活性化を柱に、五つのタスクフォース（作業部会）が設置された。ところが、議論は遅々として進まない。遠方の地方大学の関係者は集まりづらい事情もあって、当初から「ほとんど議論されていない」（経団連関係者）状態が続いた。特に深刻だったのは、採用とインターンシップをめぐる溝だ。

インターンシップをめぐっては、厚生労働省、経済産業省、文部科学省が「教育の一環」という定義で合意している。だが実態は、優秀な学生を見定める採用の前哨《ぜんしょう》戦となっている。長期休暇

就活や勉強時間を巡る産学の論点

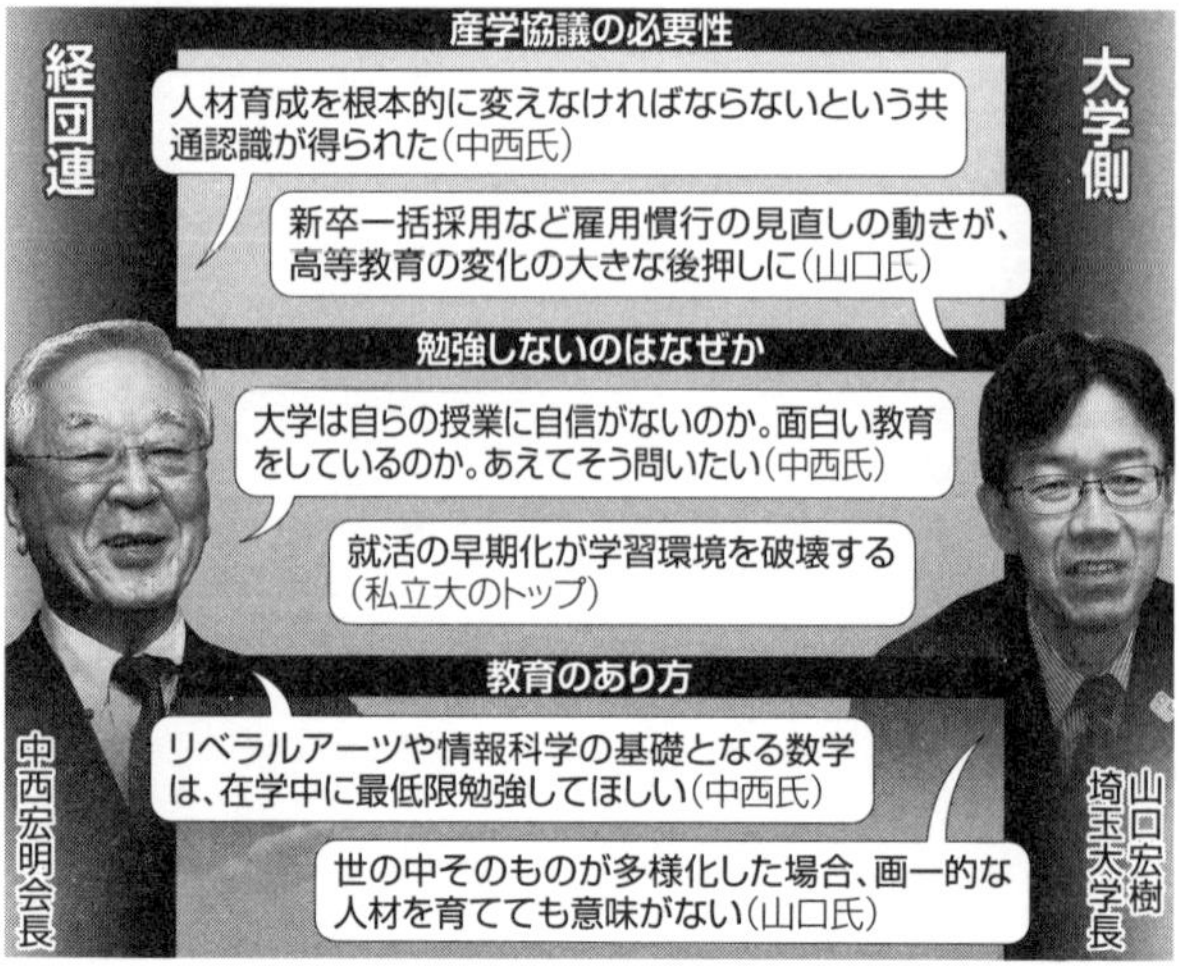
経団連
大学側
産学協議の必要性
人材育成を根本的に変えなければならないという共通認識が得られた（中西氏）
新卒一括採用など雇用慣行の見直しの動きが、高等教育の変化の大きな後押しに（山口氏）
勉強しないのはなぜか
大学は自らの授業に自信がないのか。面白い教育をしているのか。あえてそう問いたい（中西氏）
就活の早期化が学習環境を破壊する（私立大のトップ）
教育のあり方
リベラルアーツや情報科学の基礎となる数学は、在学中に最低限勉強してほしい（中西氏）
世の中そのものが多様化した場合、画一的な人材を育てても意味がない（山口氏）
中西宏明会長
山口宏樹埼玉大学長

を利用するなど学業への配慮を求める大学側に対し、企業は採用活動の一環として位置づけたいのが本音だ。次の春に、いかに優秀な人材を確保できるか。プレッシャーを感じながら採用活動する企業側の担当者の主張は、大学側からすれば矛盾している。「充実した大学教育で、有能な人材を育ててほしい」。企業側はそう大学に求めてきたからだ。

平行線をたどり、難航したタスクフォースでの議論を経てたどりついた二〇年春の最終提言。インターンシップを「教育の一環」とする定義の見直しを政府に求めるところまで踏み込んだ。学業に支障をきたさない範囲で、採用につながるインターンシップを認めるのが、産学の落としどころというわけだ。

◇

東大が過去に、日米の大学一年生の勉強時間を比較したデータがある。一週間の勉強時間が「〇～五時間」と答えた学生は日本が六七％に対し、米国はわずか一六％。八四％が「六時間以上」と答えた。

日本の学生が勉強しないのは大学、企業どちらの責任か。長く「神学論争」の的となってきた。大学は、就職活動の早期化が学生の学業を妨げていると訴える。企業は、大学の授業が実用性からかけ離れ、魅力がなくなっていると批判する。それぞれの建前だ。

本音はどうか。経団連は一五年、就活ルールを定める採用指針に「履修履歴や成績証明の一層の活用」を盛り込んだ。その三年後、経団連が会員企業を対象に行ったアンケート調査。回答五九七社のうち選考時に成績を重視したと答えた企業はわずか四・四％だった。協調性、主体性など全二〇項目で一八番目にとどまる。これまで業務中の指導・教育（ＯＪＴ）が人材育成の柱だった日本企業。大学に成績を期待してこなかった。

大学教育の重要性を急に声高に訴え始めたのは、国際競争の激化で必要な「技術革新を生み出せる人材」はＯＪＴでは育てられないとの危機感だ。経済産業省の資料によると、ＯＪＴを除くと、日本企業が社員に行う人材投資は国内総生産（ＧＤＰ）の〇・二％。欧米の主要国に比べ五分の一以下の水準だ。

大学も正論ばかりは言っていられない。富士通八七人、みずほフィナンシャルグループ八七人、東京海上日動火災保険八二人――。早稲田大学キャリアセンターのウェブサイトには、就職先企業の学部・研究科別の人数がずらりと並ぶ。慶應、法政など東京六大学に名を連ねる有名どころも学生の就職実績をアピールする時代だ。

少子化で激化する学生の獲得競争で生き残るカギは、何を学べるかよりも「どこに就職をしたか」。大学の弱みを企業も見透かす。

◇

一八年一月、スイスで開かれた世界経済フォーラム年次総会「ダボス会議」。中国のネット通販大手「アリババ集団」会長の馬雲（ジャック・マー）は自身の就活経験を語った。「ファストフード店の仕事は応募者二四人のうち自分だけが不採用になった」。三〇社以上で同様の経験をしたという。

マーを支えたのは独学で身につけた英語。翻訳会社を起業した。教育の重要さを痛感するマーは、アリババ創業二〇年となる一九年九月に、経営から引退し、その理由について若者への教育・慈善事業に力を入れると説明した。

アリババは一七年秋、研究拠点「達摩院」を設立し、二万人を超える技術者や研究者らへの人材投資を進める方針を示した。投資額は三年間で一〇〇〇億元（約一兆六〇〇〇億円）。富士通の株式時価総額に相当する。

経済のグローバル化で、国境を越えた人材獲得競争はすでに始まっている。大学と企業が本音と建前を使い分け、学生不在の議論を戦わせる猶予はない。

Q&A

Q　大学の役割は？

A　戦前の大学は、官僚など国の将来を担うエリートの養成機関の色彩が強く、大学進学者はごく少数だった。戦後、高度成長期を経て、日本が本格的な国際競争にさらされ始めると、大学に多様な人材育成が求められるようになった。

大学進学率は統計を取り始めた一九五四年度は七・九％だったが、八〇年代後半から、大学設置に関する規制が緩和されて大学数が増えると、進学率も上昇した。二〇〇九年度に初めて五割を突破し、一八年度は五三・三％で過去最高に上った。

Q　就活の位置づけは？

A　二〇〇〇年前後の就職氷河期以降、大学は就職支援を強化するようになった。少子化による「大学全入時代」、学生の就職実績が生き残りの決め手になるからだ。学部ごとに就職先企業の実績数や、在学中に取得できる資格などをアピールする大学が増えた。かつての就職部が、「キャリアセンター」などと名前を変え、面接の指導やエントリーシートの添削などを行う大学もある。

5　ルール廃止で窮地に立つ中小企業

就職活動ルールは今後どうなるのか――。さいたま市内で社員二五人の医療設備会社を営む鳥沢加津志は、首相の安倍晋三に、一番気になっていることが聞けなかった。二〇一八年一〇月、東京・永田町の首相官邸で開かれた未来投資会議。「高齢者、女性、外国人、すべて必要な人材だ」。発言を許されたわずか二分は、人手不足を訴えて時間切れとなった。

鳥沢の会社は毎年採用活動を行うが、一七年春入社の一人を最後に、一八年春、一九年春と採用ゼロだった。一八年は四人に内定を出したが、皆、他社に流れた。

一九年四月入社組の大卒求人倍率は一・八八倍。バブル期やリーマン・ショック前に迫る売り手市場だ。企業にとっては採用難を意味し、特に中小企業に厳しい。従業員三〇〇人未満の企業の求人数は四六万二九〇〇人だが、就職希望の学生は四万六七〇〇人。四〇万人以上が足りない計算で、求人倍率は九・九一倍に達する。

一八年春、都内で開かれた中小企業約六〇社による合同会社説明会は閑古鳥が鳴いた。二日間に訪れた学生は約一二〇人。数人としか話せなかった人事担当者は「関心すら持たれない」と肩を落とした。主催した東京商工会議所は数か月後にも同様の説明会を予定していたが中止に追い込まれた。

中小企業が働き手を確保できないなど、人手不足関連の倒産が急増している。東京商工リサーチの集計では、一八年は前年比二二％増の三八七件。最多を更新した。

◇

経団連会長の中西宏明は一八年九月、将来の採用自由化を目指してルール廃止を表明した。鳥沢が就活ルールの行方に気をもむのは、ルールが撤廃されれば、「採用弱者」の中小企業がさらに窮地に陥る恐れがあるためだ。

大手と中小の採用格差は大きい

従業員数	求人数	求人倍率 19年卒	就職希望者数
大手 5000人以上	5万1400人	＜ 0.37	13万8800人
1000～4999	14万3000人	≒ 1.04	13万7600人
300～999	15万6200人	≒ 1.43	10万9100人
中小 300人未満	46万2900人	＞ 9.91	4万6700人

中小ほど売り手市場が強まる

計算上、中小は40万人以上も不足

※リクルート調べ。大学・大学院生が対象

中小企業はこれまで、大手企業の採用から漏れた学生たちが採用の狙い目だった。時期の縛りがなくなれば、一年中、大手との人材獲得競争を迫られる。

一人あたり二億円の投資。中小企業の新卒採用を示す言葉だ。定年まで勤めた場合に企業が支払う平均的な生涯賃金を指す。中小企業にとっては、数年分の利益に相当することもある大きな投資だが、大企業なら「一人あたり三億円」。労働市場の需給にかかわらず、採用時期が同じなら、学生が好条件に流れやすいのは当然だ。

経団連のルール廃止表明のしばらく後、東京商工会議所の役員会では、会員企業から不安の声が上がった。会頭の三村明夫は「中西さんとは事前によく話しているので安心してください」とその場を収めたが、懸念は残る。

◇

採用の現場では、既存の就活ルールを飛び越える動きが先行する。

東京・表参道のブランド店が並ぶ一角のビル二階。金融ベンチャー「Ｋｙａｓｈ（キャッシュ）」の上田太暉は、ジーパンにジャケット姿でパソコンに向かう。在学中から一年超のインターンシップ（就業体験）を経て、一八年一一月に正社員になった。休学してＩＴ先進国のインドのベンチャーで働いた経験を生かし、マーケティングを担う。

企業に応募するエントリーシートを書いて面接を受ける、いわゆる就活はほとんど行わなかった。上田は言う。「経験や実績より、将来的な潜在性を重視して選考する日本企業の新卒一括採用のあり方に違和感があった」

ミドリムシの健康食品で急成長するベンチャー企業「ユーグレナ」（東京都）は一九年一月下旬、自社の採用サイトで初の通年採用の募集を始めた。二月五日時点で予想を上回る約一五〇〇人の応募があった。同社は五年前から経団連の会員企業。就活ルールはまだ撤廃されていないが、人事担当者は「採用する学生の間口を広げるために、ルール撤廃を待つ必要はないと考えた」と話す。

現行の経団連の就活ルールは、二〇年春入社組まで適用され、その後は政府が代わりのルールを定めるが、数年後にどうなるかは決まっていない。

激変する就活市場。中小企業が求められているのは、ベンチャーのように独自性で大企業に挑み、優秀な人材を取り込む工夫だろう。

Q&A

Q　中小企業の採用スケジュールは？

A　経団連に加盟していない中小企業は年間を通して採用活動ができるが、実際には、大手企業が採用活動を終えた後に本格化させるケースが多い。経団連が定める就職活動の現行ルールでは、会社説明会は「三年生の三月」、面接など選考は「四年生の六月」から解禁される。このため、多くの中小企業の採用活動は夏頃から始まる。

Q　中小企業の採用状況は？

A　中小企業庁によると、日本の企業数の九九％が中小企業とされる。従業員数では約七割を占める。だが、中小企業では大手企業以上に人手不足が強まっており、新卒を採用できないケースも出ている。中途採用などを重視せざるを得ない状況だ。
学生が就職先を選ぶ上では、希望する業界や職種かどうかに加えて、収入などの待遇も重要な判断基準になる。中小企業の給与水準は大手企業の七〜八割程度とされ、低いのが現状となっている。

6 「新卒一括」支える就職情報サイト

二〇一九年一月中旬に都内の大規模展示場で開かれた、主に大学三年生向けの合同会社説明会。帰り際の学生に対し、気に入った企業への投票を呼びかけるスタッフの声が響く。全日本空輸（ANA）、伊藤忠商事に三菱UFJ銀行――。学生による企業の就職人気ランキング上位には、航空会社や大手商社、各業界トップ企業が並ぶ。

ランキングの高さは、就職先を選ぶ学生や親の判断基準の一つにもなりうる。ある大手メーカーでは、順位を前年より何位上げるかで、人事担当者を評価するという。「会場で学生にアンケートを取るため、数多く説明会に出展すると有利になりますよ」。就職情報会社の営業マンが企業に合同説明会への出展を呼びかける際の殺し文句だ。

◇

「リクナビ」、「マイナビ」、「キャリタス就活」が就職情報サイトの大手三社。ここ数年は、経団連が定める就活ルール「採用指針」で会社説明会の解禁日となる三月一日に、一斉にサイトを開設する。こうしたサイトのみで「エントリー（応募）」を受け付ける企業は多い。就職情報ビジネスは、長く経団連が維持してきた日本型雇用システムの入り口、新卒一括採用を支えるインフラ（社会基盤）となってきた。

就職・採用活動をビジネスにしたのが江副浩正だ。一九六〇年、いまや売上高二兆円超のリクルートグループを創業した。二五歳で創刊した大卒者向けの求人情報誌「企業への招待」は、企業から集めた求人広告だけを掲載し、無料で学生に配布した。大学の就職課で企業の求人票を見て応募するのが主流だった就活の手法を、がらりと変えた。電話帳のように分厚い雑誌「リクルートブック」には資料請求用のはがきがつき、就活生は企業に応募するため、せっせとはがきを送った。

九六年には「リクナビ」の前身となるインターネット上の情報サービスを開設した。企業から掲載料を集めて採用情報を掲載する事業モデルは同じだ。氏名、大学、学部、住所、電話番号——。学生は購読料は払わず個人情報を提供する。二〇一八年三月の登録者数は約七九万人と、就活大学生全体の数を大きく上回る。

◇

パソコン上なら自己PRなどを丸写しする「コピペ」が出来る。応募の簡略化は、安易な応募と隣り合わせだ。就職情報サイト側も積極的に学生に対しエントリーを呼びかける。エントリー数全体が増えれば、情報サイトに情報掲載料を支払って登録する企業の増加が期待できるからだ。「五〇社にまとめてエントリー」。リクナビは一四年、学生が一度に多くの企業に応募できるようにしたが、「エントリーをあおっている」との強い批判が起き、文言を差し替え謝罪する事態となった。

学生の横並び意識を生んでいるとの指摘もある。紳士服店「洋服の青山」池袋東口総本店の就活用品の売り場。並ぶスーツは黒と紺だけで、グレーやベージュといった、社会人のスーツならよく見る色もない。二五年間、就活生らに接してきた店長の笠原一晃は苦笑いする。「売れないから黒と紺以外は置かない。学生は保守的だ」

一九八八年に発覚し、政官財を震撼《しんかん》させた戦後有数の疑獄、リクルート事件。江副は官房長官まで務めた藤波孝生や財界人、官僚トップらにグループ企業の未公開株を譲渡した。判決は政界工作の狙いを、当時の就活ルールだった「就職協定」の維持・順守を働きかけるためと指摘した。

事件の影響で竹下登内閣は総退陣した。ルールが守られなければ、就職情報誌の存続にかかわる。江副の新卒一括へのこだわりが政権を崩壊させた。

二〇一八年九月、経団連会長の中西宏明が採用指針の撤廃を表明した。就活自由化の布石とされる。グローバル化で学生の職業観や働き方は多様化し、社員のつてを利用する「リファラル採用」も増えている。「ポスト・リクナビ時代」の就活ビジネスもまた変わりつつある。

◇

一九年八月、リクナビは再び炎上した。登録した就活学生が内定を辞退する確率を予測し、各企業に販売していたとして、政府の個人情報保護委員会から是正勧告を受けたからだ。

仕組みはこうだ。リクナビに登録した学生がどのような企業の情報を閲覧しているかというデータをＡＩ（人工知能）で分析。自社の選考を受けたり、内定を得たりした学生が「その企業の選考や内定を辞退する確率」を予測し、当該の企業に提供していた。対象となったのは、一九年と二〇年入社の就職活動を行った学生、計約二万六〇〇〇人に上った。リクナビを運営するリクルートキャリアはこのサービスを各企業と年四〇〇万〜五〇〇〇万円で契約していた。

リクナビは登録する学生に対し、「内定辞退率」を算出して企業側に提供することを明記しておらず、さらに約八〇〇〇人の学生については個人情報を企業側に提供する同意を取っていなかった。

「学生視点の欠如」「ガバナンスの不全」——。リクルートキャリアは、問題発覚から三週間以上が経過して初めて記者会見を開き、社長の小林大三が深々と頭を下げた。にもかかわらず、会見では提供先となった企業名の公表は拒み、学生への説明責任を果たすよりも顧客である企業を守ろうという意識が目立った。ネットやSNS上では、学生らによる批判の声が噴出した。

情報提供を受けた企業の姿勢も問われた。内定辞退率を算出する際は、企業が自社に応募した就活生のデータをリクナビ側に提供する。企業も、そうした目的で情報提供することをきちんと就活生側に伝えていなかった。

リクルートキャリアによると、実際に同社から内定辞退率のデータ提供を受けた三四社すべてが「合否判断には利用していない」と回答したというが、数百万円の費用を負担して得た情報の用途に対し、疑念が渦巻く。

四か月が過ぎた一二月四日、政府の個人情報保護委員会は個人情報保護法に基づき行政指導を行い、データ提供を受けていなかった一部を除く三四社の社名を公表した。

【個人情報の利用目的の周知が不適切】

アフラック生命保険▽イオンフィナンシャルサービス▽京セラ▽大和総研▽トヨタ自動車▽富士ソフト▽三菱商事▽三菱電機▽りそな銀行▽YKK

【リクナビ側への監督も不適切】

アイシン・エィ・ダブリュ▽アスパーク▽エヌ・ティ・ティ・コムウェア▽NTTファシリテ

ィーズ▽コロワイド▽三和▽JFEスチール▽住友電装▽SOLIZE Engineering▽太陽生命保険▽大同特殊鋼▽テクノプロ・エンジニアリング▽テクノプロ・デザイン▽デンソー▽デンソーテクノ▽東海理化電機製作所▽東京エレクトロン▽ビッグモーター▽本田技術研究所▽メイテック▽遊楽▽リクルート▽レオパレス21▽ワールドインテック

内定辞退率の提供サービスは発覚した八月に廃止された。その後も、リクナビには大学生を中心に数十万人の学生が登録している。新卒一括採用が主流となり続ける限り、学生にとっては依然としてリクナビのような就活インフラが欠かせない。

政府はリクナビ問題を受けて、二〇二〇年の通常国会に個人情報の不適切な利用禁止を柱とする個人情報保護法の改正案を提出する。就職情報という一大産業を育てたリクルートもビジネスモデルの転換が問われる。

Q&A

Q　就職情報サイトとは？

A　企業の採用情報が掲載されているウェブサイトで、学生は無料で利用できるものが多い。名前やメールアドレスなどを登録すると、興味のある企業に資料請求や応募ができる。運営会社は合同説明会なども開催している。

リクルートキャリアが提供する「リクナビ」や、マイナビが運営する「マイナビ」などが有名だ。雇用開発センターが二〇一八年三月卒業の学生に対して行った調査では、学生の九割以上が就職情報サイトに登録していた。

Q　ビジネスモデルは？

A　企業が支払う情報掲載料が収入の柱だ。大手就職情報サイトの場合、掲載料は数十万円程度からとされる。自社に興味がありそうな学生に絞って情報を配信したり、社員紹介など掲載内容を充実させたりするなど様々なオプションがある。

7　韓国就活事情

氷点下の気温にいてつく韓国・ソウル市の鷺梁津《ノリャンジン》地区。一キロメートル四方ほどの一角に林立する就職予備校には全国から就職浪人生が集まる。

近くに住む金乾《キムコン》は二〇一九年春、最難関とされるソウル大学大学院を卒業する予定だ。だが、就職先は決まっていない。LGグループの研究職の試験に出願しているが、「希望通りにいくか分からない」と自信なげだ。

サムスン、LG、現代――。韓国の学生の多くが財閥系のグローバル企業を目指す。数百倍の狭き門を突破して社員になれるのはごくわずかだ。数年の就職浪人も当たり前で、中小企業は採用難に悩む。財閥系の給与の半分に満たない中小は、三〇歳の新入社員もめずらしくない。韓国の一五～二四歳の若年失業率は一〇％前後で高止まりが続く。

日韓の若年(15～24歳)失業率は、明暗が分かれる

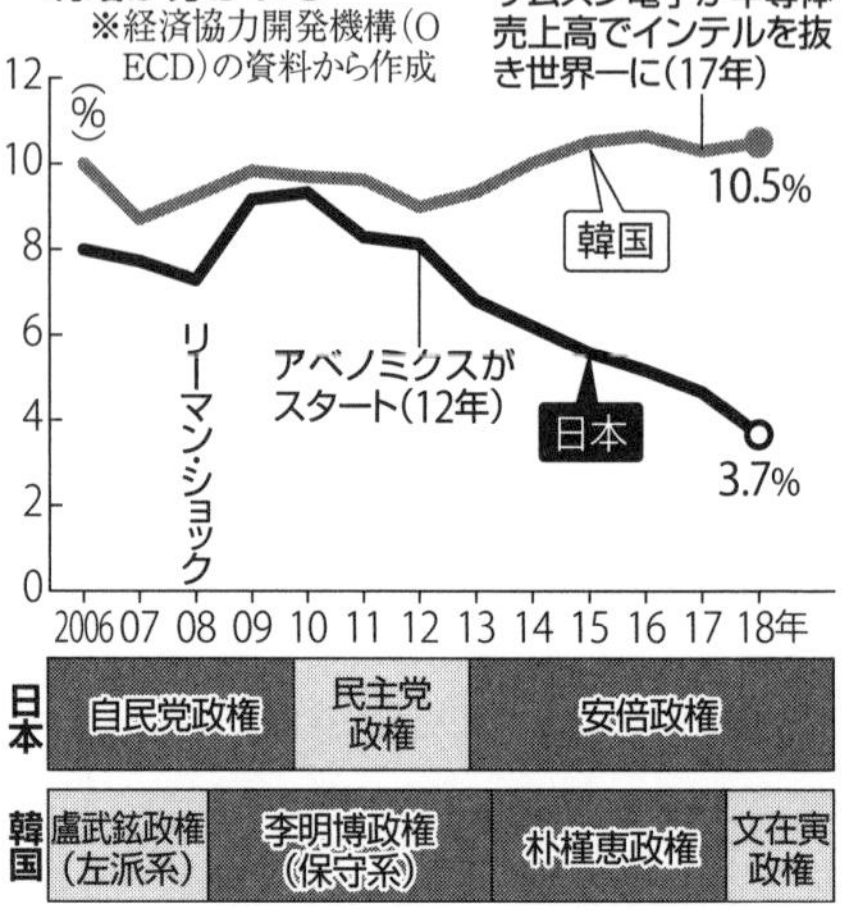

※経済協力開発機構(OECD)の資料から作成

日本は経団連が定める就職活動ルール「採用指針」に沿って「新卒一括採用」を導入してきたが、韓国では既卒者にも門戸を開いたことで、一括採用は崩れた。日韓ともに大企業に入社できる大学生は一～二割未満だが、日本の若年失業率は三・七％と極めて低い。「一発勝負」の色合いが濃く、学生は不本意であってもいったんは就職先を決めるからだ。リクルートキャリア就職みらい研究所長の増本全は「新卒一括採用の大きなメリットだ」と指摘する。

「七放世代」。金《キム》のように鷺梁津周辺にいる二〇～三〇代の若者らはそう呼ばれる。七つの人生イベントを放棄するという意味だ。二〇一〇年ごろは、「恋愛」「結婚」「出産」の「三放」だった。後に「人間関係」「マイホーム」が加わって「五放」となり、現在は「就職」と「夢」まで諦めるものが増えた。

韓国政府による対策は後手に回る。一七年五月の大統領選で当選した文在寅《ムンジェイン》は格差是正策で最低賃金の引き上げを打ち出したが、企業が採用を絞り込む副作用を生んだ。隣国の事情は決して日本に無縁ではない。七放世代が今、人手不足にあえぐ日本の大企業を目指し始めたからだ。

◇

一八年一一月、ソウル市と韓国第二の大都市・釜山《プサン》で開かれた「日本就職博覧会」。大学生を中心に約一〇〇〇人の若者がスーツ姿で日本企業の会社説明会や面接に臨んだ。採用意欲も強い。ソフトバンクや日産自動車といった日本でも人気の高い企業など約一〇〇社が参加し、すでに八〇人以上に内定を出した。

韓国は一九歳以上の男性に最大二二か月の兵役義務を課している。兵役で培われた体力や規律性を魅力的に感じる日本企業は少なくない。さらに、英語能力を示すTOEICの平均点をみると、韓国は六七六点で世界四七か国のうち一七位につけ、三九位（五一七点）の日本を大きく上回る。

日本では一八年秋、経団連が採用指針の廃止を決めた。通年採用への転換、就活自由化の布石だ。その三年前には経済同友会が「新卒・既卒ワンプール採用」の導入を提言した。卒業後五年以内の既卒者も大学生と一緒に通年採用の対象にすることを目指す。先行例の一つが一五年に通年採用に移行したソフトバンクグループだ。入社時に三〇歳未満なら、新卒、既卒を問わない。

技術革新で変化が速い時代。就活自由化は、国際競争に勝ち抜くグローバル人材など多様な働き手の確保に重要だというのが企業の言い分だ。学生が再挑戦の機会を得られるのが利点だが、異論もある。新卒一括が崩れれば、多くの若者は就職浪人して大企業を目指すのではないか——。就活史を調べた文化放送キャリアパートナーズ主任研究員の平野恵子は、若者雇用の「韓国化」を懸念する。

経済のグローバル化を背景に、国境を越えた人材の流動化が進む。楽天は新卒採用の技術者の半分以上を外国人が占める。就活・採用の自由化が進めば、世界各国の優秀な人材との競争は今後、激しさを増すことになる。日本の若者たちに、その覚悟はできているだろうか。

Q&A

Q　グローバル人材とは？

A　明確な定義はないが、語学だけでなく、異文化理解や主体性、積極性など世界で活躍するために必要な能力を備えた人材を指す。欧米の有名大学院で学び、経済や金融などで高度な専門性を持つ学生は、国籍にかかわらず、世界各国の企業間で獲得競争が激しい。日本企業は後れを取っているとされる。毎年秋、米国で開かれる「ボストンキャリアフォーラム」には、日本人留学生の採用を目指す日本企業が多く出展する。

Q　育成の取り組みは？

A　政府は、二〇一一年に関係閣僚による「グローバル人材育成推進会議」を設置。同年には経団連も学生を対象にした奨学金制度を設け、将来、日本企業で活躍する人材の育成を図っている。東大や立命館大など多くの大学も、育成プログラムを開設する。イオンは一八年、上智大学側と協定を結び、海外拠点に学生を招いたインターンシップを行っている。

インタビュー

令和時代の就職戦線は、グローバル化や少子化に対応した変化が予想される。採用自由化に一家言を持ち、「ユニクロ」を展開するファーストリテイリングの柳井正・会長兼社長と、二〇一五～一六年に文部科学相として就職活動を所管した馳浩衆院議員（自民党）に就活や人材教育のあるべき姿を聞いた。

（二〇一九年二月二〇日掲載）

通年採用は当然だ

ファーストリテイリング会長兼社長　柳《やな》井《い》正《ただし》氏（七〇）

就職活動ルールなんて作っても意味がない。業界、企業の都合で作っているだけで就職活動する人には何のメリットもないよ。おかしいルールは全部なくすべきです。経団連の中西宏明会長が就活ルールを撤廃したのは、すばらしい。勇気ある決断で尊敬に値する。でも、政府が代わって就活ルールを作るというが、余計におかしくなる。

企業にとっても個人にとっても、海外と同様に完全に自由な形で、学生と企業の双方が好きな時に就職・採用活動を行えることが必要なんじゃないですか。通年採用は当然ですよ。

新卒採用と中途採用の差をつけるのは、年功序列や終身雇用の負の側面だ。終身雇用でその会社で昇進して、自分の能力と報酬が見合うようになるのはいい。だけど年数がたっただけで報酬が上がる、身分が保証されるということはないでしょう。本来、対等であるべき社員が企業に従属するシステムになっている。それは良くない。

◇

結果として社員と企業が運命共同体のような形になるのならいいが、最初から運命共同体のようにするのは大企業のエゴだ。大名をトップに階層が決まっていた昔の藩に近いのではないか。今は、抜擢《ばってき》人事をどんどん行い、だめだったら降格、ということも必要な時代になっている。儒教文化の影響か、日本はすごく形式的なところがある。官僚主導ではなく民間主導の国にならないといけない。

学生も周りに同調しやすい気質だと感じる。リクルートスーツ姿で就活をするのが典型例で、そうじゃないと通らないと思っている。面接の決まり文句があるけどナンセンス。（一～二回）面接してもその人の能力などは分からない。だから僕はもう面接官をしない。どうせ分からないから。一緒に仕事しないと分からない。

今の時代は自分の頭で考えて運命を切り開ける人材こそが求められている。ただ、チームワークは絶対にないといけない。チームワークは自分と他人の違いを知って相手の専門性を尊敬するというところから始まる。

◇

能力と年齢は関係ないし、若い人は成長の可能性が大きい。だが、今の横並びで昇進する制度では、有望な若手は成長できない。企業や教育機関、社会がチャンスを与えていない。

うちが大学一年生から採用選考を始めたのは、大学一年でも四年でも関係ないんじゃないかという当たり前のことをしただけ。通年採用を行っても学生の学業に影響はない。就活があっても勉強する人はするし、勉強しない人はしないんですよ。

大学は自らの権威を守るために企業の採用活動が勉学を妨げると主張しているだけだ。大学、大学院も含め、知識やテクニックばかり詰め込むサラリーマン養成学校になっている。もっと柔軟な組織にならないといけない。判断力や論理性、人間が本来持っている美意識――。僕は（人間の理想として目指すべき普遍妥当な価値）「真善美」と言っているが、そういうものを成長させる教育こそが必要だ。

◇

完成された人材はいない。自分たちで育成する以外ないし、良い人材を獲得するにはそれに見合う報酬を出さないといけない。

社内に年収一億円を超えた社員はたくさんいるが、それでも優秀な人材は採れない。米国の報酬は日本の一〇倍、欧州は五倍、中国だって三倍だ。日産自動車の前会長カルロス・ゴーン被告の報酬自体は普通だし、それくらいもらって当然だ。日本だけが安すぎる。グローバルでは一〇億円の時代ですよ。

何か自分の生きた証明のようなものを会社やビジネスを通じて示さないといけないのではないだろうか。働いた報酬は一億円かも一〇〇〇万円かも五〇〇〇万円かもしれないが、金額の多寡ではなく、自分でやりたいことをやり、それに見合う報酬はもらうべきだ。

◇

もう一回宣言するが、息子二人は（ファーストリテイリングの）トップ経営者には絶対しない。株式は十分持っているし能力はあると思うので、できたら会長や副会長にしてもらえたらいいなと。能力がなかったらそれもだめだと思っています。

CEO（最高経営責任者）は、最も頑張って能力があり、チームを作れる人がなると思う。自分は七〇歳になったのでできるだけ速やかに譲りたい。現状だとちょっとできそうもないが、そうしないと会社にとってマイナスになる。僕の最大の任務は、後継となる経営者のチームを作ることだ。

就活ルールに合意形成は必要

元文部科学相　馳浩《はせひろし》氏（五七）

大学と企業はこれまで、一定の就職活動ルールのもと、大学が三、四年生向けにキャリア教育を行い、企業がインターンシップで協力する形を作ってきた。その結果、海外に比べ若年失業率は低水準となっている。護送船団方式ではあるが、若年者の就職率を一％でも高めることは国策として必要だ。

文部科学相だった二〇一五年秋、就活解禁日を二年連続で変更しようとする経団連を「朝令暮改」と批判した。学生が卒論に取り組めないとか中小企業は人材獲得に不安を抱えるとか、相談を数多く受けた。ルールはあった方がいい。

若者がどのような生き方を選択し、そのために必要な能力をどう学ぶかというのは、初等、中等教育で学ぶ。さらに高等教育段階に入ると専門性、実践性を高める。これは、学校だけではなく、社会全体の責任だと考える。そういう風に考えていけば、就活ルールについて企業、大学や団体が意思表示した上で、協力しあうという日本的な合意形成が私は一番必要だと思う。

経団連の就活ルール廃止は時代の流れであり、目くじらを立てる必要はない。政府による新ルールが代わりにできるが、経団連の中西宏明会長はこれを全く無視するということはたぶん言っていない。皆がルールを守って実効性を高めるところまでは期待していないが、緩やかな効果は期待したい。

◇

一方で、外資やIT業界は早期から採用活動を始め、グローバル化に直面する経団連などの経済団体の考え方も理解できる。現在の新卒一括採用だけではいい人材を採用できず、人手不足も強まる。大学側もそうした実情を踏まえ、両者で折り合いをつけてやっていくことが必要だろう。

◇

リクルートスーツを着て一斉に就活するのも人生の一時期に経験する文化だ。嫌ならしなければいいし、強制されているわけではない。最終的にはその企業にとって必要な人材、はっきり言えば、売り上げを増やしてくれる人材が、大学側から供給されるかどうかになる。大学は社会に役立つ人間の育成という基本方針があると思うが、企業はより厳しい目で採用試験に臨むわけだ。学生諸君に選択の自由があれば、企業にも選択の自由がある。

企業は、面接を受けに来る学生が何を勉強してきて何をしようとしているのか、どういう目的意識があるのか、我慢強さがあるのか、などを短い時間で見抜いたり、履歴書を見て判断したりする。企業も学生も真剣勝負だ。双方をコーディネートするのが大学のキャリア形成にかかわる方々の腕の見せ所だろう。

学生が勉強しない理由について、大学側は「就活の早期化」を挙げ、企業側は「授業に魅力がない」と主張する。両方とも真実だ。だからこそ大学は教育改革を常に意識し、企業側も大学に人材を送り込んでほしい。学生を判断する際には、成績や履修履歴ももっと重視してほしい。

第四章　春　闘

1　旧来型の交渉スタイルに変化の胎動

平成最後の春闘は、横並びで基本給を底上げするベースアップ（ベア）を求め、自動車、電機業界が先導する旧来型の手法に変調があらわとなった。毎春、労使が時期をそろえて交渉する日本独自の賃上げ方式に何が起こっているのか――。

「官製春闘という言葉はナンセンス。従来の処遇でいいのか。経営者が考えている」

二〇一八年一〇月二四日夕の定例記者会見。経団連会長の中西宏明は、一三年秋から続く労使交渉が政府主導であるかのように表現されることに、不満を示した。

春闘は日本独特の交渉スタイルだ。大手企業では毎年一月から春が終わる頃にピークを迎える。最大の焦点はベアだ。業界ごとに交渉方法は異なる。中西の出身の電機業界は、主要各社の労働組合が同じ額を要求し、経営側が同じ額を回答する「統一交渉」を行ってきた。横並びである以上、妥結額は、業績の良い企業と悪い企業の間で着地せざるをえない。それが長年の習わしだ。一八年春闘で主要六社の労組は「ベア月額三〇〇〇円以上」をそろって要求、経営側は一五〇〇円を回答した。

日立製作所で国際畑を歩んだ中西は、こうした労使慣行に懐疑的とみられてきた。中西は横並び春闘の見直しに着手するのではないか。そんな観測が強まったのは、一人の経済人による批判がきっかけだ。

一八年八月中旬。日本財団会長の笹川陽平は自身のブログで、政府に賃上げを迫られている経団連をこう評した。「経団連ならぬ軽団連」

笹川は政財界に知己が多く、首相の安倍晋三と懇意な関係で知られる。翌日。笹川からの痛烈な一撃に、中西はメールでこう応じた。「総理自らが賃上げを要請している事実を、異常と思われる方は少なくないと認識しています」「経営者の感覚としては、ここ二〇年以上にわたる低成長時代に賃金の上昇を抑えすぎたと思ってきました」

官製春闘に異論をにじませつつ、賃上げの必要性を認めた返信。笹川は中西の了解を得て、九月中旬にブログで公開した。

その直前、中西は経団連の就職・採用指針を廃止する意向を表明したばかりだった。やはり横並びの春闘を見直すかもしれない。「春闘でも中西流改革か」。そんな見方が一気に広がった。

◇

労使交渉の現場では変化の胎動がみられた。

一八年九月、盛岡市の岩手県民会館。トヨタ自動車グループの労組幹部は「ベアだけを焦点にするのが本当に良いのか」と記者団に問いかけた。春闘の相場づくりを担ってきたトヨタは三月の賃金回答で、ベア額

ここ数年の春闘の流れ

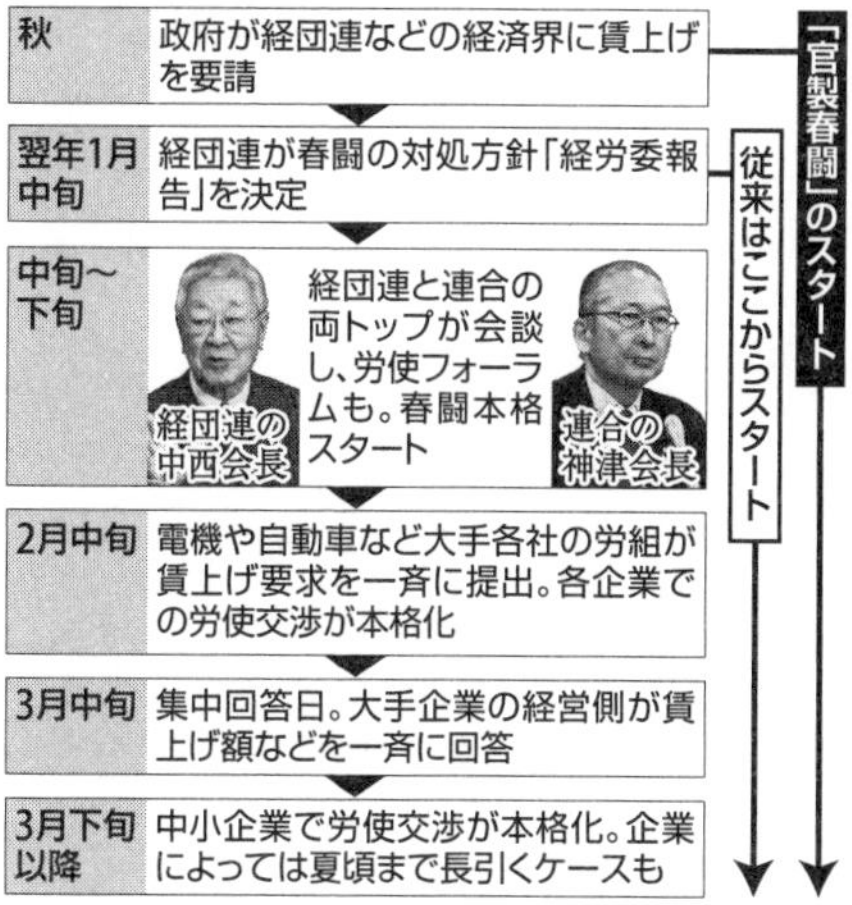

秋
政府が経団連などの経済界に賃上げを要請
翌年1月中旬
経団連が春闘の対処方針「経労委報告」を決定
中旬〜下旬
経団連と連合の両トップが会談し、労使フォーラムも。春闘本格スタート
経団連の中西会長
連合の神津会長
2月中旬
電機や自動車など大手各社の労組が賃上げ要求を一斉に提出。各企業での労使交渉が本格化
3月中旬
集中回答日。大手企業の経営側が賃上げ額などを一斉に回答
3月下旬以降
中小企業で労使交渉が本格化。企業によっては夏頃まで長引くケースも
「官製春闘」のスタート
従来はここからスタート

の非公表に踏み切った。

「トヨタの回答を見てから自社の回答を決めるという慣習が、それぞれの労使の真剣な話し合いを阻害しているのではないか」。トヨタ社長の豊田章男が形骸化した春闘に投げかけた問題提起だ。トヨタ労組もベア額の非公表を受け入れた。

「トヨタショック」。トヨタの妥結額をにらんで交渉してきたライバル企業の労使はうろたえた。連合会長の神津里季生《りきお》は一〇月一八日の記者会見でこう言った。「連合や経団連の賃上げの数字が、世の中全体の賃金にどれだけ効果があったのか。検証する必要がある」

翌一九日朝、東京都内の高級ホテル。官房長官の菅義偉は向かい合った中西に「消費税率引き上げを踏まえ、皆さんには一層の努力を期待したい」と賃上げへの取り組みを求めた。中西もアベノミクスを支える姿勢を示した。

中西は二四日の記者会見で、横並びの見直し方法には言及しなかった。政府と足並みをそろえることを優先したのか。あるいは、見直しに言及するタイミングをうかがっているのか。その言動に、経済界、労働界は神経をとがらせる。

Q&A

Q　春闘とは？

A　毎年春頃、企業の経営側と労働組合の間で、賃上げを中心とした労働条件をめぐって行われる交渉だ。連合など労組側が使う「春季生活闘争」の略称として定着している。経団連などの経営側は春闘ではなく「春季労使交渉」と呼んでいる。

一九五五年に炭鉱や電機など産業ごとの労組が結集し、賃上げ要求を行ったのが始まりとされる。労働者側が団結することで交渉力を高める狙いがある。高度成長期までは、交渉が決裂し、鉄道会社などの労組がストライキ（スト）を決行することも珍しくなかった。経済の成熟や労組組織率の長期低下に伴い、近年は以前ほど激しい賃上げ交渉は行われなくなった。

Q　経団連とのかかわりは？

A　従来は、毎年一月に経団連が春闘への姿勢を示す「経労委報告」を公表するのをもって始まり、大企業から中小企業へと順次、交渉がまとまるのが一般的だった。二〇一三年以降は毎秋、翌年の春闘に向け、政府が経団連に賃上げを要請しているため、「官製春闘」とも称され、ここがスタートとなる。

2　現実味を帯びる横並びシステムの終焉

労働組合関係者や報道陣が見守る中、ホワイトボードに数字が次々と書き込まれていく。二〇一九年三月一三日、東京都中央区にある全日本金属産業労働組合協議会（金属労協）。職員が淡々と書き出すのは、各企業からのベア回答だ。三月半ばにある集中回答日の恒例行事となっている。日立製作所一〇〇〇円、三菱電機一〇〇〇円、東芝一〇〇〇円――。電機大手一二社の欄は同じ「一〇〇〇」の数字が並んだ。

統一交渉。電機業界の労組が加盟する電機連合が、一九六二年から続ける労使慣行だ。中核となる大手十数社の労組は団結し、経営側に対する交渉力を高めることを狙う。経営側にも、業界としての課題解決に労組を巻き込める利点がある。

「月額一〇〇〇円という議論はありえない」。東京・三田の電機連合本部の会議室で、日立の労組幹部が声高に訴えた。電機大手の各労組が交渉方針をすりあわせる場で、ベア一五〇〇円を主張し続けた。二月に経営側に要求したのは月三〇〇〇円。どこまで譲歩するか――。NECや富士通は、数千人規模の人員削減なども行っており、ベア自体厳しい。日立に追随出来る労組はなく、一〇〇〇円回答で決着した。他社の労組幹部は「日立の姿勢は一貫していた」と驚く。

◇

強気の裏側に財界総理の影がちらつく。日立製作所会長の中西宏明。二〇一八年五月に中西が就任した経団連会長は、約一六〇〇社・団体に示す春闘方針を主導する。

「統一で交渉する時代ではない」。一八年秋、中西は周辺にそう漏らした。グローバル競争を念頭に、中西は終身雇用、年功序列を支える横並びの賃上げ交渉は打破すべきだというのが持論だ。

一九年三月一一日午後、皇居脇の国立劇場で開かれた政府主催の東日本大震災追悼式。「業績がいい企業はもっと賃上げしてください」。労働組合の全国組織、連合会長の神津里季生が近くにいた中西に語りかけた。中西は「(会員企業に)メッセージは出している」と応じた。

二日後の一三日、ふたを開ければ、横並びの一〇〇〇円決着。だが同日、日立の労務担当役員、中畑英信は記者団の取材にきっぱりと言った。「事業の内容、業績で違いが大きくなっている。電機産業とひとくくりで議論するのは困難だ。組合も同じ認識で議論をするだろう」

パナソニック出身で電機連合委員長の野中孝泰も九日、「今のやり方でいいのか」と今後の統一交渉の見直しを示唆した。労使が合意すれば、約六〇年間続いた横並びが崩れる。中西は笑う。「ある意味必然だ」

◇

電機と並び春闘相場の先導役とされた自動車業界。最大手のトヨタ自動車労働組合は一九年の春闘から、ベア要求額を非開示にした。前年春闘で回答時に非開示とした経営側に追随した。「トヨタグループ内の賃金格差是正を促すため」というのが労使双方の説明だ。マツダ労組も追随し、自動車総連はベアの統一要求額を掲げない方針をとった。

先導役が消えれば、最も交渉力がある企業や業界が全体の相場を引き上げる春闘の手法が成立しなくなる。「非開示はおかしい。本来の姿に戻さなければ」。危機感を募らせた神津は、労組首脳らに説いたが、流れは止められなかった。

一連の動きの背後にいたとささやかれるのが、連合事務局長の相原康伸。三〇代からトヨタ労組の幹部職を歩んだ相原は、自動車総連会長も歴任した労働界のプリンスだ。神津の後任候補の筆頭に挙がる。ある労組幹部はポスト神津体制を懸念する。「非開示の動きが連合全体に広がりかねない」

◇

春闘はこのまま役割を失うのか。過去、幾度も繰り返された議論だ。一九七五年には、連合の前身となる旧総評（日本労働組合総評議会）の議長を務めた太田薫が「春闘の終焉《しゅうえん》」を主張した。オイルショック後の景気低迷を背景に、賃上げ率が大幅に下がった年だ。

二〇〇一年、日本経営者団体連盟（日経連）会長で、トヨタ自動車出身の奥田碩が「労働条件を横並びで決める時代は二〇世紀で終わった」と語った。翌二〇〇二年春闘はトヨタなど大手企業は軒並みベアゼロだった。

「平成元年（一九八九年）の賃上げ率は今年の水準の二倍ぐらいあった。ちなみに五％だ」。一八年末、経団連審議員会。首相の安倍晋三は、企業トップらを挑発し、場をわかせた。長く低調だったベアを復活させたのはデフレ脱却へ向け、企業に賃上げを要請した第二次安倍内閣だった。「官製春闘」と半ば揶揄《やゆ》されながら、賃上げムードを醸成した功績は大きい。

だが中西が「あくまで自主的な賃上げだ」と牽制《けんせい》したことをきっかけに、その勢いも弱まりつつある。横並びの乱れ、ベア非開示、脱官製春闘――。三つの転機で、従来型春闘の終焉が現実味を帯び始めた。

◇

二〇年春闘は、「脱・横並び」に向け、さらに踏み込んだ議論になるのか。

スタートの号砲となった一月二八日の労使トップによる会談。中西は「本当にやる気のある方々が思いきって働ける環境をどう作っていくのかが非常に大事だ」と強調した。発言の裏にあるのは、その人の働きぶりなどにほぼ関係なく、賃金を底上げするベアが従業員一律で実施されてきたことへの疑問だ。これまでの慣行を改め、仕事の成果や役職の責任の重さなどに応じて賃上げ率に差を付けるように求める。

日立製作所というグローバル企業の経営トップならではの危機感もある。人工知能（AI）など先端技術の開発にしのぎを削るグローバル企業の間では、今や国籍に関係なく、優秀な若い人材の争奪戦が繰り広げられている。その争いの中で「日本の賃金は劣後している」と中西は見る。メリハリの利いた賃上げで優秀な人材を処遇することこそが、日本からの人材流出防止策というわけだ。

こうした問題意識はグローバル企業の労組にも浸透し始めている。トヨタ自動車労働組合は今回の春闘で、人事評価に応じて配分する賃上げ額の差を広げる案を組合員に提示した。労組幹部は言う。「より頑張った人に報いることが必要だ。一律にこだわるのが組合の価値とは考えていない」

一方、連合は、あくまで非正規も含めた大幅な賃上げについてしっかりと話し

20年春闘の労使の主張

経団連		連合
Keidanren Policy & Action		連合 JTUC
大目標「競争力強化」		大目標「格差是正」
	一致	●賃上げは必要 ●個別企業・組合の交渉を尊重
ベアは選択肢。ボーナスなど含む多様な方法を検討	目標	ベア2％程度、定期昇給含め4％程度
米中貿易摩擦など不透明感	景気	不透明だからこそ賃上げを
一律の賃上げを疑問視	交渉	全体での賃上げがデフレ脱却につながる
年功型賃金などの制度は時代に合わない	日本型雇用	日本型経営の良さが失われ、非正規雇用が倍増

賃上げ率の推移 ※厚生労働省の資料を基に作成。資本金10億円以上かつ従業員1000人以上の労働組合がある企業（加重平均）

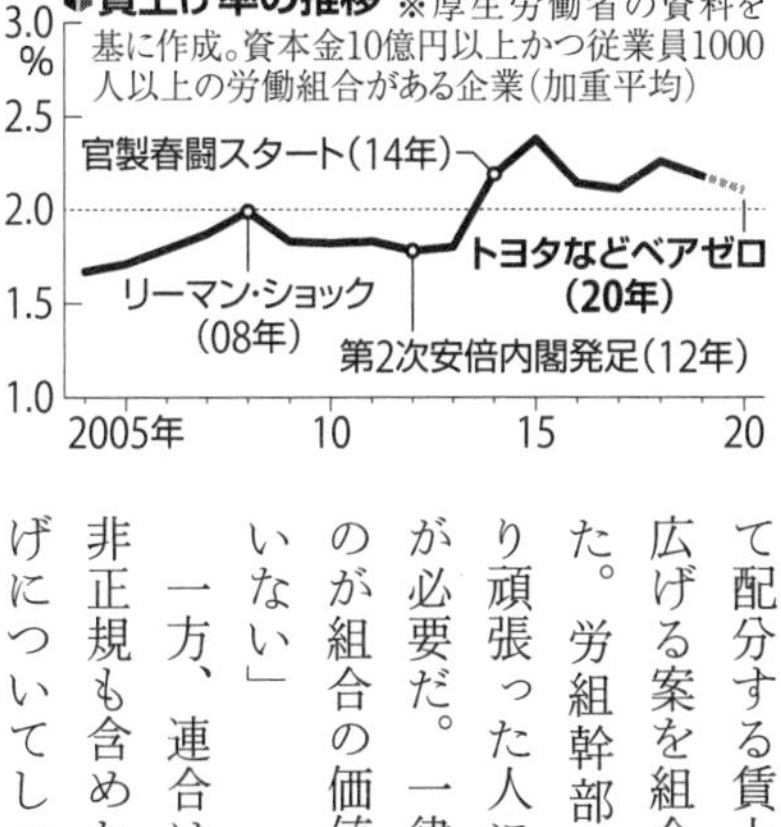

合うべきだと主張する。メリハリの利いた賃金の支給はすでに進んでいるとの見方だ。

経団連は、「新卒一括採用」「長期・終身雇用」「年功型賃金」に代表される日本型雇用の見直しもテーマに掲げる。これも優秀な人材確保の観点からだ。日本型雇用で、社員は失業を心配せずに働くことができ、企業は時間をかけて人材を育てることができた。だが、技術革新のスピードが上がるなか、外部から即戦力を獲得する必要性が増している。

経団連は二〇年春闘で、日本型雇用だけでなく、能力重視で賃金が決まる「ジョブ型」を組み合わせるなど、実情に合ったシステムの構築を求めている。年齢や勤続年数に応じて昇給する年功型と違い、ジョブ型では業績評価の部分が大きくなるからだ。

連合は、日本型雇用の見直しには慎重だ。非正規雇用の拡大などによりバブル経済崩壊後の「失われた二〇年」で生じた賃金格差が、見直しでさらに広がることを懸念する。

Q&A

Q　春闘はいつ始まったのか？

A　日本経済が高度経済成長に踏み出していた一九五五年、炭鉱や電機など八つの労働組合が「共闘会議」を組織し、結束して経営側に賃上げを要求したことが始まりとされる。五六年に「総評」（日本労働組合総評議会）が主導する春季賃金引き上げ闘争が始まり、「春闘」が定着していった。

Q　過去の交渉は？

A　経営側と炭鉱労組が激しく対立した五九〜六〇年の「三井三池争議」などが代表例だ。七〇年代初めまで、私鉄や国鉄、炭鉱などの労組が大がかりなストライキで賃上げを求める構図が続いた。春闘が始まった頃は大企業の賃上げ率は一〇％に満たなかったが、高度経済成長の真っただ中の六〇年代中盤以降は、九年連続で一〇％を超えた。七三年の第一次オイルショックによる大幅な物価上昇に連動し、七四年の賃上げ率は三一・八％に跳ね上がった。

Q　**転換点は？**

A　オイルショックで七四年度の経済成長率がマイナスとなったことを受け、経団連の前身である日本経営者団体連盟（日経連）は大幅賃上げの抑制を訴えた。企業側の姿勢に理解を示す労組もあり、七五年の賃上げ率は一三・一％に落ち込んだ。賃上げ率は一桁が続き、八〇年代以降は大規模なストライキも影を潜めた。平成に入った八九年、労働組合の全国組織として連合が結成された。その後のバブル崩壊で企業業績が悪化し、春闘では雇用の確保が最重要視された。

Q　**二〇〇〇年代以降は？**

A　二〇〇二年、トヨタ自動車が好業績にもかかわらずベアをゼロ回答し、衝撃を与えた。企業は激しい国際競争にさらされ、横並びで賃上げを求める春闘には不要論も噴き出した。

一二年末、デフレ脱却を掲げて第二次安倍内閣が誕生すると、一四年からは政府が賃上げの旗を振る官製春闘が始まった。ベア復活の動きが広がり、賃金の下落傾向に歯止めをかけた。

3　薄まる「官製」色

政府が賃上げの旗を振る「官製春闘」。二〇一二年に再び首相官邸の主《あるじ》となった安倍晋三が、デフレ脱却を目指して始めた異例の取り組みだ。その舞台装置は、経済財政諮問会議。経済政策の司令塔と称され、主要閣僚や有識者ら十数人をメンバーに、首相と経団連会長が議論を主導する。「三%の賃上げが実現するよう期待したい。経済界には、前向きな取り組みをぜひともお願いしたい」。一七年一〇月二六日夕の諮問会議で、安倍は向かいに座る経団連会長（当時）の榊原定征に、語気を強めた。

三か月前に経団連が発表した直近春闘での賃上げ率は二・三%。基本給を底上げするベアに、勤続年数に応じて上がる定期昇給などを合わせた「月例賃金」の数字が安倍の念頭にあったとみられる。三%の実現は、バブル崩壊後間もない一九九四年春闘を最後になかった。物価が上がらないデフレから脱却できない状況で、野心的な目標だった。だが、安倍率いる自民党は会議四日前の衆院選で二八〇議席超を獲得し、圧勝したばかり。榊原も首を縦に振るしかなかった。

半年後に大勢が判明した二〇一八年春闘。経団連の速報集計で、月例の賃上げ率は二・五%だった。前年比では上昇したが、三%には届かない。「首相の期待に応えなくては」。危機感を強めた経団連は同年五月、賃上げ率についての緊急調査を初めて実施した。七六%が「三%超え」と回答し、月末の諮問会議で榊原は「多くの企業が積極的に賃上げに取り組んだ」と胸を張った。

ただし調査は、業績が堅調で経団連の主要ポストを務める約四〇社が対象。各社の「年収」ベースの賃上げ率を問う内容で、業績に連動する一時金（ボーナス）などを「月例」に加えた。透けて見えるのは、政府・与党との良好な関係作りへの経団連の腐心である。

◇

賃上げ交渉は労働者と使用者（経営者）に委ねる「労使自治」が基本。政府の介入は「禁じ手」とされてきた。低調な労使交渉が長年続き、賃上げしないことが当然だった労使の空気が、安倍内閣の踏み込みを許した。「禁じ手」の効果はすぐに表れ、一四年春闘でベアが復活した。日本総合研究所理事の山田久は、官製春闘は賃上げ率を〇・一五ポイント程度かさ上げする効果があると推計する。

様相が一変したのは、一八年五月、財界総理のバトンが榊原から中西宏明に渡されてからだった。「官製春闘とされることに違和感がある」。中西は、賃上げは労使で決めるとの立場を早速表明した。

◇

「賃金の力強い引き上げがカギ」「賃上げを継続することが重要」――。一八年一一月一二日の諮問会議で、賃上げを声高に訴えたのは、学習院大学教授の伊藤元重とエコノミストの高橋進。賃上げはこの日の議題ではなかったが、高橋は「それでも重要性を強調したかった」と振り返る。

安倍はその場では、賃上げを要請しなかった。「中西さんの意向をくんだ」。安倍の沈黙に対する霞が関官僚の見方だ。安倍と中西は、定期的に酒席をともにするなど親しい。政府にも事情があった。「企業から賃上げを引き出せるアメが品切れだった」と関係者は打ち明ける。安倍内閣は、法人減税や各種の規制緩和策を相次ぎ実施し、企業側は賃上げを実現した見返りと受け止めてきた。そのバーター取引にも限界があったとの説明だ。

いつしか、「脱官製」と称された一九年春闘。三月一三日の集中回答日で、自動車や電機大手各社はベア実施を決めたものの、前年実績を下回る妥結額が続出した。だが同日夕、中西は高水準の賃上げを果たしたと自賛し、記者団にこううそぶいた。「元々、官製春闘なんかなかったんです」

◇

「官製」「脱官製」を問わず、春闘の枠組みからこぼれ落ちている労使もある。

長野県松本市にある川越印刷。創業一二〇年近い老舗《しにせ》だが、他社の価格攻勢で客を奪われ、原材料費高騰が経営を直撃する。一七年、十分な賃金が支払えずに従業員一六人のうち二人が去った。定期昇給もできず、年〇・六か月分の一時金は、社長の小林雅範が自らの役員報酬を削って捻出した。労組はない。小林は肩を落とす。「春闘なんて、私たちは完全に蚊帳《かや》の外だ」

労組の中央組織となる連合は、一九年春闘を「格差是正春闘」と位置づけた。三月一四日午後、都内の高級ホテルで、連合会長の神津里季生は、積極的な賃上げの必要性を強調した。応じたのは全国中小企業団体中央会の大村功作。中小企業四〇〇万社弱の七割を傘下に収める有力団体のトップだ。大村は「(賃上げの)段階に行けるか非常に難しい部分も多々ある」と表情を曇らせた。米中貿易摩擦に人手不足、働き方改革――。賃上げどころではないというのが中小の実情である。

賃上げを通じて働き手の豊かな暮らしの実現を目指す春闘。「脱官製」で、労使が主導権を取り戻したとも言える。だがその結果、賃上げの勢いが弱まれば、格差是正はままならない。政府頼みの交渉に劣る結果になれば、労組の存在意義も問われる。ポスト官製春闘のあり方はまだ見えていない。

Q&A

Q　官製春闘とは？

A　経営側と労働組合が行う労使交渉に、政府が強く関与することを意味する。安倍内閣は二〇一三年秋以降、政府と経済界、労働界などによる「政労使会議」を設置し、繰り返し経済界に賃上げを求めた。一四年春闘では一五年ぶりに賃上げ率が二％を超えた。政府の要請はその後も続き、一八年春闘では三％の賃上げを求めた。一九年春闘では、首相の安倍が一八年一二月、経団連の審議員会に出席し、賃上げを要請したが、具体的な数値目標は示さなかった。

Q　なぜ政府が賃上げを後押しするのか？

A　安倍内閣は賃上げによる所得の増加が消費を活性化させ、企業収益が改善し、経済の好循環につなげることを目指している。賃上げの要請には、消費意欲を高め、日本をデフレ脱却へと導こうとする狙いがある。

4　動揺する労使の力学

労使が机上でやりとりする交渉よりも、春闘の景色を変えうるマグマが噴き出している。全国各地の企業を覆う苛烈な人手不足だ。

「丸亀製麺」のトリドール三五七八円、上新電機一六〇〇円――。二〇一九年春闘の集中回答日の三月一三日以降、東京・九段の産業別労働組合「UAゼンセン」本部には、ベアで高水準回答が続々と届いた。相場を先導するはずの自動車や電機の各労組が、相次ぎ前年割れの回答に見舞われたのとは対照的だ。

全国繊維化学食品流通サービス一般労働組合同盟。長い正式名称の通り、UAゼンセンは、スーパーや外食、食品など消費者に身近な企業の労組が多く加盟する。労働力をパートやアルバイトに頼り、深刻な人手不足に直面する。「賃上げは好調だが、業績は好調でない。人材不足が一番（の理由）だろう」。一五日夕の記者会見で、UAゼンセン会長の松浦昭彦は解説する。「事業を続けるため賃上げに追い込まれた」というのが経営幹部の本音だ。

◇

人手不足は、従来とは異なる「労使」の概念も生む。「我々は労働者ではないという判断だったが、（我々は）人間なんです」。一五日夕、都内で記者会見したコンビニエンスストア「ファミリーマート姫路青山西五丁目店」オーナー、酒井孝典は肩を落とした。中央労働委員会（中労委）がこの日、加盟店オーナーは労働組合法上の労働者には当たらないとの判断を初めて示した。

人手が足りず、深夜の働き手が確保出来ない。オーナーは昼夜を問わず自ら店に出る。酒井には「オーナーは経営者と言うより、長時間労働を強いられる労働者のようだ」と映る。最終結論は今後、裁判所の審理に委ねられる見込みだが、中労委の判断は「労」と「使」のはざまにいるという層に影を落とす。

◇

春闘に代表される労使交渉は、バブル経済以降、長く協調路線を基本としてきた。第二次安倍内閣が主導した「官製春闘」はその象徴とも言える。

かつて、ストライキをちらつかせ労使が対立を極めた時代もあった。「順法闘争」。ストなどの争議権が制限された公務員などの労組が、法律や規則を順守してストと同じ効果を狙う戦術を指す。

高度成長期の一九六〇～七〇年代、賃上げやスト権奪還を掲げた国鉄動力車労働組合（動労）が多用した。輸送量の急増で、運転士が定時運行を守るには日常的に制限速度を破らざるを得なくなっていた状況を逆手に取り、あえて制限速度を守りダイヤが乱れた。経営側からは「鬼の動労」と恐れられたが、会社員らは通勤の足を大きく乱され、怒りの矛先はそのたびに動労に向かった。七三年、国鉄高崎線上尾駅（埼玉県上尾市）や周辺の駅で乗客ら数千人が暴徒と化し、列車や駅舎を破壊して数時間にわたって占拠した。いわゆる「上尾事件」だ。やがて順法闘争は封印された。

それから半世紀近くたった二〇一八年。「鬼」の系譜を引き継いだ東日本旅客鉄道労働組合（JR東労組）は、スト権を初めて行使する可能性を会社や政府に通告した。一九八七年の国鉄民営化に伴い正式に手にした伝家の宝刀だ。二〇一八年春闘に向けた経営側との協議が難航したことが直接のきっかけとされる。

ところが「鬼」の思惑をよそに、対立の激化を嫌気した組合員が離脱する動きが広がった。社員約五・五万人の八割が加入していたJR東労組は、一年で四分の一に急減し、どこの労組にも属さない社員は七割に達した。経営側も予想しない事態。「会社と労組、社員の関係は経営の基礎だ。労組に非加入の社員の意見もしっかりと吸い上げたい」。JR東日本社長の深沢祐二は一九年二月の記者会見で冷静に話した。

労組が運動論や政治に偏重する姿勢は、「労使協調」になじんだ世論の支持を失いつつある。労組組織率はかつての五〇%超から現在は十数%に低下した。働き手の五人に四人は非組合員。労組によるスト件数も、ピークだった一九七四年の一万件超から二〇一七年には一〇〇件以下となった。

労組の組織率とスト件数は大きく低下している

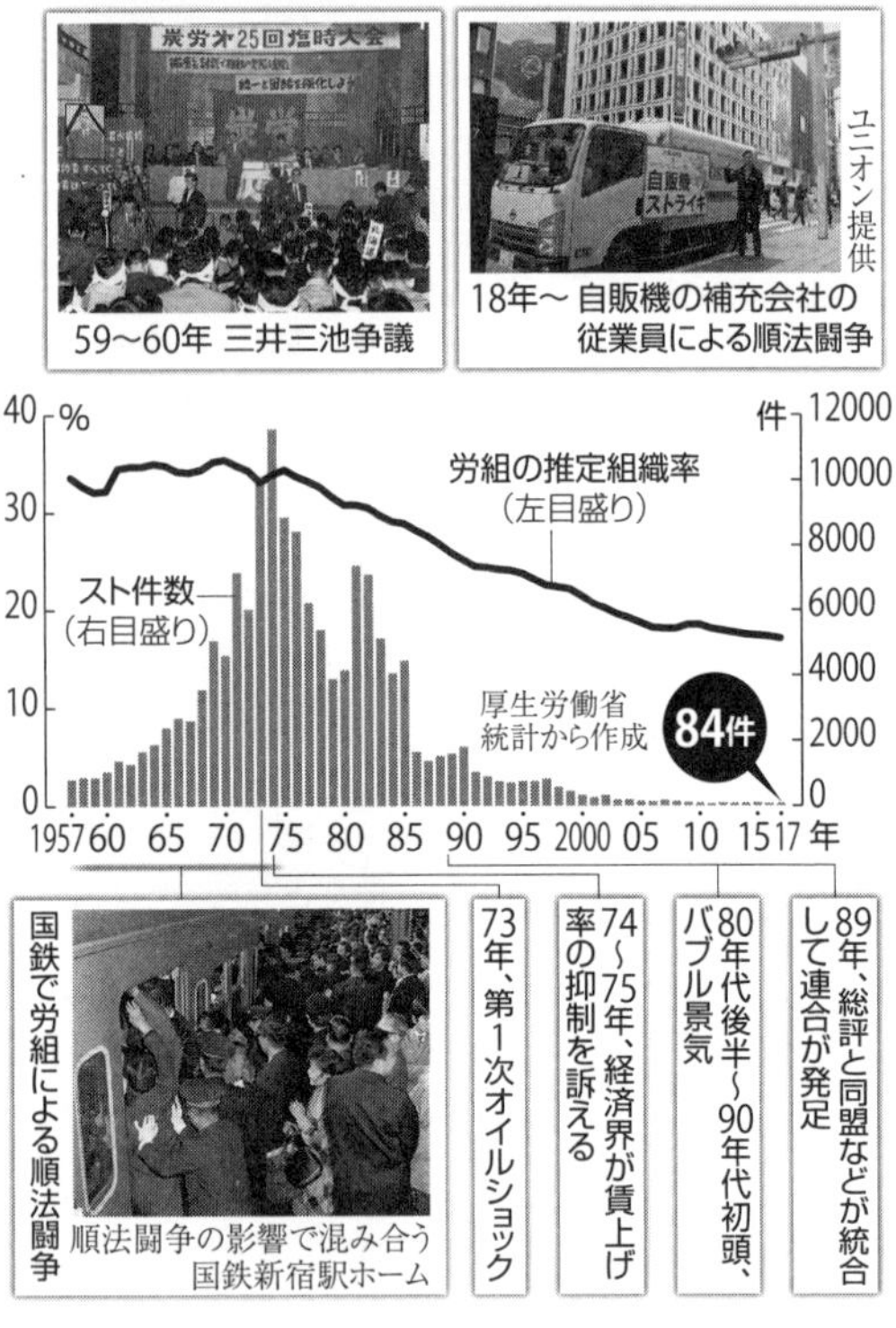

59～60年 三井三池争議
ユニオン提供
18年～ 自販機の補充会社の従業員による順法闘争

厚生労働省統計から作成

順法闘争の影響で混み合う国鉄新宿駅ホーム

労組幹部は言う。「伝家の宝刀だったストは竹光《たけみつ》に過ぎない」

ＪＲ東は三月一五日、一九年春闘でのベア額を前年割れの一〇五〇円とする回答を示した。ＪＲ東労組が要求した六〇〇〇円を大幅に下回る。労組の窮地をついたかにも見える。

◇

封印されたはずの「順法闘争」が一九年二月、ネットやソーシャル・ネットワーキング・サービス（ＳＮＳ）上で大きな話題を呼んだ。

東京、銀座といった首都圏の駅構内などに設置された飲料の自動販売機で、品切れを示す「売切」の表示が続出した。自販機を巡回して商品を補充する業務を担う二〇～三〇代の若者一〇人が、長時間残業を違法として拒否したからだ。一日二〇か所以上の持ち場を任され、月数十時間を超えるサービス残業を余儀なくされていた。彼らが相談した個人加盟の労組「ブラック企業ユニオン」と協議し「順法闘争」が発案された。一八年春以降、集中的に三回闘争を実施した。

「応援しよう」「カッコイイ」――。ツイッター上には「売切」の写真が掲載され、応援メッセージも相次いだ。「鬼」によるかつての順法闘争とは風景が異なる。ユニオン役員を務める二〇代男性は「世間の共感を集めるため奇をてらった部分もあるが、苦しい現状に支持を得られた」と話す。ネット世論に押される形で、会社側も従業員の彼らと対話を始めた。

「労使協調」が旧来型の労組の力を弱めるなか、働き手は、ＳＮＳで声を上げ始めた。今後の労使関係はどうなっていくのか。経営側に新たな課題として突きつけられている。

Q&A

Q 労働組合とは？

A 労働者が賃上げや労働時間といった労働条件の改善を目指して組織する団体。憲法二八条などは、労働者が団結して経営者と対等な立場で交渉することや、一斉に業務を行わないストライキなど団体行動を行う権利を保障している。

欧米では産業別や職業別に組織されることが多いが、日本は企業単位で構成する企業別労働組合が中心となる。同業の企業別組合が集まってできたのが、「電機連合」「自動車総連」「UAゼンセン」などの産業別労働組合となる。労組の中央組織が連合で、正式名称は「日本労働組合総連合会」。国の政策への影響力行使を目指し、国会議員に転じる労組役員もいる。

Q 労組の課題は？

A 労組の数は減少傾向にある。この四年間でも約一〇〇〇組合が減り、一八年は約二万四〇〇〇組合となった。非正規労働者の増加など労働形態の多様化に対応しきれていないとの指摘もある。

インタビュー

平成最後となる二〇一九年春闘では、政府が賃上げの旗を振る「官製」の勢いは弱まり、相場の先導役が不在となるなか、基本給を底上げする「ベースアップ（ベア）」は失速が鮮明となった。ポスト平成時代の春闘はどうあるべきか。労使トップに見解を聞いた。

（二〇一九年三月一七日掲載）

経団連会長　中西宏明《なかにしひろあき》氏（七三）

交渉のあり方　検討が必要

賃上げをやるという基本的なモメンタム（勢い）はきっちり守れた。ベアだけに注目すると、前年を下回ったという見方をされるかもしれないが、（過去にベアを）積み重ねており、ポジティブな回答と受け止めている。

官製春闘と言われるが、そういうものではない。日本経済の「デフレ脱却」という目標については、経済界も政治も全く同じことをやろうとしている。その一つの要素として賃金水準を改善していかないといけないという共通認識がある。「官に言われたから賃上げをする」という話ではない。

一方、春季の交渉に限らず、電機連合というくくりがなかなか無理になってきている。同じような事業構成の企業が同じように競争して、それなりに栄えた時代は終わった。各企業が特徴ある戦略を持ち、グローバルに生きていかないといけないという現実に直面している。そのなかで、各社の戦略の違いがはっきりしてきて、結果として業態や狙うマーケットが異なってきている。当然それにより、働き方も違ってくる。交渉のあり方をどうすべきか、労使でよく話し合って今後検討する必要があると思う。

働き方改革と結びつけた多様な働き方についても、労使のなかでいい議論ができたようだ。日本経済を着実に前に進めていくような結果ではないか。働き方は一気にバーンと変わるわけではない。世間相場も横目でにらみながら議論を深めていくことが必要だ。

（三月一三日の記者団への発言から）

ベア額開示は労使の責任

連合会長　神津《こうづ》里《り》季《き》生《お》氏（六二）

二〇一四年春闘から賃上げの流れが始まったが、消費の活性化や物価上昇を達成したとは言えない。賃上げの効果を一部の大手企業だけでなく、中小を含め全体に伝わるようにしないといけない。

かつての春闘は、相場を形成する大企業の回答が、関連する中小企業にとっての「天井」だった。大手が賃金の底上げを先導する方法は、物価上昇が当たり前だった高度成長期にはダイレクトに効果があった。しかし、物価が上がらない今、その形だけでは大手と中小の賃金格差は縮まらない。

中小企業は大手の回答を天井ではなく「土台」と捉え、より高い賃上げを実現する必要がある。一九年春闘で大手の労働組合は、それなりの土台を引き出した。大事なのはこの先。中小の回答がどう出るかだ。賃上げしやすい環境を作るためには、立場の弱い下請けに理不尽なコスト削減を迫る取引慣行を改める必要もある。

トヨタ自動車の労使が、日本全体の天井と受け止められてきた自社のベアの額を非開示としたことは、労使交渉のあり方に一石を投じたのだろう。ただ、このやり方は広がらないし、いずれ開示されるべきだ。賃金の情報は公共財。開示は労使の責任でもある。

連合に加盟する非正規労働者の数は増えている。企業規模と並んで、雇用形態による待遇格差も大きな課題だ。組合がない企業も多いが、使用者と従業員の代表がきちんと話し合うことの大事さに目を向ける必要がある。

第五章　渋沢栄一の経営理念

1　「論語と算盤」の精神

令和の新一万円札の顔、渋沢栄一は、日本初の民間銀行や東洋紡を始め、五〇〇近い企業・団体などの設立や育成に関わり、近代日本経済の土台を作った。偉大なる経済人の軌跡に、新たな時代にあるべき経営とは何かを探る――。

下関北九州道路。本州（山口県下関市）と九州（福岡県北九州市）に挟まれる関門海峡を結ぶ五本目の大動脈の建設計画に暗雲が漂う。国土交通副大臣の塚田一郎が二〇一九年四月、計画をめぐって山口・福岡両県をそれぞれ地盤とする首相の安倍晋三や財務相の麻生太郎の意向を「忖度《そんたく》した。国直轄の調査（対象）に引き上げた」と発言。「典型的な利益誘導政治だ」（野党）などと強い批判を受け、塚田は引責辞任に追い込まれた。その余波で一九年度予算に計上された約四〇〇〇万円の調査費は執行のめどが立っていない。

大動脈の建設は、地元経済界の悲願だ。建設促進協議会の会長で財務相の弟でもある九州経済連合会長の麻生泰は五月一〇日午後、危機感を露《あら》わにした。「一刻も早く建設を決めてほしい」

明治末期の一九一一年、麻生泰の大先輩に当たる経営者も同じ「関門」に阻まれた。渋沢栄一。関門海峡で初めての橋建設に向けた準備会社「関門架橋株式会社」の発起人の一人に名を連ねた。「橋梁《きょうりょう》全長三八九〇呎《フィート》、一〇〇〇万円架橋費」。当時の資料は、長さは約一・二キロメートル、総工費は現在の一〇〇億円超にあたるという壮大な計画を描く。結局、軍事上の理由などで政府が建設を許可せず、渋沢らの計画は幻に終わった。

だが同計画は、大蔵省（現、財務省）を辞めて実業家に転身した渋沢が、日本の近代化に向け取り組んだ様々なインフラ整備のごく一部だ。金融から鉄道、港湾、海運まで――。経済・社会の発展に欠かせないとの信念があった。インフラ以外も含め、渋沢が創設・育成に関わった企業・団体などの数は約五〇〇。製造業やホテルなど幅広い分野に及ぶ。「日本の資本主義の父」と呼ばれるゆえんだ。

渋沢栄一が設立・育成に関わった現存する主な企業・団体

①旧東京株式取引所

②会頭を務めた旧東京商業会議所

金融
東京証券取引所①
みずほ銀行
三井住友銀行
三菱UFJ銀行
七十七銀行
日本銀行
東京海上日動火災保険

電力・ガス
東京電力ホールディングス
中部電力
関西電力
東京ガス
東邦ガス
西部ガス

各種団体
東京商工会議所②
経団連
全国銀行協会
理化学研究所
日本放送協会

製造業
東洋紡
王子製紙
サッポロビール
日本製鉄
IHI
川崎重工業
いすゞ自動車
富士フイルム
東レ

運輸
日本郵船
JR東日本
JR東海
JR九州
東急

その他
帝国ホテル
イオン
三越伊勢丹
電通
JTB
帝国データバンク

※東京商工会議所調べ。写真は渋沢史料館提供

株式会社を創設する際は、広く出資を募るのが渋沢流だった。自らの出資により得た利益はすぐに次の投資に振り向ける手法で、多くの企業に関わった。その底流には、広く利益を共有しようという思想が流れる。渋沢は、道徳と私企業の利益の両立を求める「論語と算盤《そろばん》」を唱え、当時、欧米で全盛だった利益至上主義と一線を画した。

◇

現代の経営者たちは、そんな渋沢の思想に傾倒する。

二〇一九年四月一八日朝、東京・内幸町。

論語と算盤、道徳経済合一
私企業の利益と、公益の追求は両立させるべきであり、両立は可能だ
▼
企業の社会的責任

官尊民卑の打破
政府・官僚が民間より尊ばれる風潮を変えるべきだ
▼
民間主導の経済成長

合本主義
目的の達成には、最も適した人材と資本を集め、利益を幅広く還元する
▼
開かれた経営　コーポレートガバナンス

渋沢栄一の考えは、現在の経営者を引きつける

くしくも渋沢が設立に携わった帝国ホテルの一室で、東京商工会議所会頭の三村明夫は、会談した財務相の麻生に語りかけた。「一万円札、本当にありがとうございます。関係者一同、喜んでいる」

三村は、初代の渋沢から数えて二一代目の会頭。麻生が新一万円札のモデルに渋沢を選んだことへの謝意だった。「最も〝渋沢推し〟の経営者」（経団連幹部）として知られる三村が渋沢の功績を本格的に学んだのは会頭に就任した一三年秋。「今の時代こそ渋沢の理念が生きる」と痛感した。

東京商工リサーチによると、設立から倒産まで、会社の寿命は平均二三・九歳。これに対し、渋沢が設立・育成に関わった「渋沢銘柄」四八一社・団体を東商が調べると、廃業や再編・統合で数は減ったものの一八五が現存する異例の長寿企業群となっていた。経営者らが〝渋沢推し〟となる理由の一つだ。

その代表格が東洋紡。渋沢が主導して一八八二年に設立された紡績会社「大阪紡」を源流に持つ。産業構造が変わるたびに再編、業態転換などを経て生き残った。祖業の繊維は売上高の二割にとどまる。「順理則裕《じゅんりそくゆう》（理に順《したが》えば則《すなわ》ち裕《ゆたか》なり）」。渋沢が揮毫《きごう》して役員会議室に掲げた企業理念の意味を、社長の楢原誠慈が解説した。「社会を豊かにして、企業を豊かにする。豊かになったお金でさらに世の中を豊かにして企業を豊かにする」

国内だけではない。中国からしばしば、ベンチャー企業経営者らが渋沢の住居があった渋沢史料館を訪れる。館長の井上潤は「自分の代で途絶えさせず、子や孫にどう存続させるか関心が強い」と分析する。

現代経営学の父と呼ばれる研究者ピーター・ドラッカー（一九〇九～二〇〇五年）は、一九七四年に出した代表著作『マネジメント』でこう記した。経営の社会的責任について論じた歴史的人物のなかで、渋沢栄一の右に出るものを知らない――。株主のほか、顧客や取引先、社員らに対する企業の責任の重さに早くから気づいた渋沢を絶賛した。

◇

その「渋沢銘柄」の一つ、清水建設社長の井上和幸は二〇一九年五月一〇日午後、リニア中央新幹線建設工事をめぐる談合事件で国土交通省から営業停止処分を受けたことについて、改めて謝罪した。「〝論語と算盤〟の精神が、従業員、役員の心に根づいていなかった。算盤だけで論語を忘れて稼いだ利益は長続きしない」。一八年春からは渋沢史料館館長の井上らを招き、社長を含む幹部社員約三〇〇人を対象に渋沢の理念を学ぶ研修会を繰り返し実施している。

清水建設だけではない。ここ数年、スルガ銀行、神戸製鋼所から東芝まで、日本の大企業による不祥事は枚挙にいとまがなく、そこに「論語と算盤」の思想はうかがえない。渋沢が先取りしたはずの、企業の社会的責任（CSR）やコーポレートガバナンス（企業統治）は、欧米から対応の遅れを問われている。渋沢が唱えた経営哲学は、令和という新時代にもなお、大きな課題を企業に突きつけている。

Q&A

Q　渋沢の理念とは？

A　「日本の資本主義の父」と呼ばれた渋沢栄一は、利益と公益の追求を両立させなくてはいけないという理念を、「道徳経済合一」あるいは「論語と算盤」という言葉で提唱し、自ら実践した。現代に通じる考えとして国内外から高く評価されている。

Q　民間に転身するまでの経歴は？

A　一八四〇年（天保一一年）、武蔵国榛沢《はんざわ》郡血洗島《ちあらいじま》村（現、埼玉県深谷市）に生まれた。攘夷《じょうい》思想に傾き、高崎城の乗っ取りや横浜の焼き打ちを計画するなどした。その後、京都に移り、一橋慶喜（後の一五代将軍徳川慶喜）に仕えた。

パリ万博があった六七年（慶応三年）、幕府使節団の一員として欧州を訪れたことが大きな転機となった。各国の先進技術や社会制度を間近に見たことで、日本の近代化の必要性を痛感したとみられる。明治維新を受けて帰国し、明治政府に入ったが、約四年で民間に転身した。

Q　どのような業績を残したのか？

A　まず取り組んだのは、第一国立銀行（現、みずほ銀行）の創立で、後に自ら頭取に就いた。日本で初めての近代的な銀行を定着させるため、役人時代に自ら起案に関わった国立銀行条例に基づいたものだった。国の発展には新聞や書籍などの印刷が不可欠だとして、抄紙会社（現、王子製紙）を設立した。資金の提供から発起人としての参画まで、関与に濃淡はあるが、関わった企業には、東京ガスや日本郵船、帝国ホテル、サッポロビールなどそうそうたるメンバーが名を連ねる。

個別企業のみならず、商工業者の意見を集約する東京商法会議所（現、東京商工会議所）を設立し、初代会頭に就任。東京株式取引所（現、東京証券取引所）の発足を主導するなど、経済界全体の地位向上に力を入れた。

教育や社会事業、民間外交にも力を注ぎ、一橋大学の源流となる商法講習所や日本女子大学校（現、日本女子大学）の設立に奔走した。日米の民間交流の中心的人物としても活動、一九二七年（昭和二年）には米国から日本の子どもたちに約一万二〇〇〇体の「青い目の人形」が贈られた。

2　「株式会社は〝公共物〟」

第二の渋沢栄一になりたい――。そんな野望を抱いた男がいた。ソフトバンク創業者の孫正義だ。二〇世紀も終わりに近い一九九九年六月。新進気鋭の四一歳は米ナスダック市場の運営団体と組み、新たな株式市場の設立を発表する記者会見で興奮気味に語った。「尊敬する渋沢栄一を目指す」

孫の念頭には、渋沢が一世紀以上前に設立を主導した東京証券取引所があった。「切磋琢磨《せっさたくま》して

渋沢と岩崎の理念は大きく異なる
※国立国会図書館「近代日本人の肖像」より
岩崎弥太郎
▸土佐国（現高知県）の浪人出身
▸三菱財閥を一代で築く
▸一族で株式の多くを保有し、経営を支配
▸政商として巨額の利益を得る
▸三菱とは別に、三井①、住友②、安田といった財閥も誕生
①
②
戦後、GHQが財閥解体を指示
▸三菱、三井、住友といった旧財閥がそれぞれグループを形成
▸株式を通じた結びつきは弱まり、親睦的な色彩が強まる
向島の対決（1878年）
渋沢栄一
※渋沢史料館提供
▸武蔵国（現埼玉県）の豪農出身
▸4年間、大蔵省などに官僚として勤務
▸500近い企業・団体の設立に関与するも、財閥は作らず
▸多数の株主による会社の支配を重視
▸資本主義の父と呼ばれる
現在
▸185社・団体が現存
▸「渋沢」を冠する上場企業は、渋沢倉庫の1社のみ

競争する。日本の株式市場全体が活性化される」。孫は、巨艦への挑発も忘れなかった。

◇

渋沢の大きな功績の一つに、株式会社という仕組みの導入がある。渋沢は資本主義の代わりに「合本主義」という言葉を好んで使った。広く出資を募って人々のお金を合わせ、株式会社を起こす。株式市場を通じて利益を幅広く分配し、国を富ませる。渋沢は出資で得た利益を手元に残さず、次の投資に振り向けた。

「向島の対決」。日本初の株式市場が生まれた三か月後、後世に伝わる論争が起きた。三八歳の渋沢が東京・向島を流れる隅田川の屋形船で向き合った会食の相手は、一代で三菱財閥を育てた岩崎弥太郎だった。三菱のほか三井、住友といった財閥が一族らで株式を支配し、それぞれの祖業から異業種に守備範囲を広げていたころだ。岩崎が「三菱の利益は社長の一族が得るべきだ」と主張したのに対し、六歳年下の渋沢は「資本と経営は分離し、資本を集めるためにも利益を多くの出資者に還元すべきだ」と反駁《はんばく》した。

両者の経営思想の違いを、渋沢を研究する文京学院大学教授の島田昌和は解説する。「株式会社を特定の大株主に支配されない〝公共物〟と位置づけたのが、渋沢の思想と言える」

渋沢は一八八五年、岩崎が設立した三菱系と三井系の海運会社の統合による日本郵船の発足を主導し、その際、大株主の議決権を制限した。東証金融リテラシーサポート部の千田康匡《せんだやすまさ》は「三菱と三井の対立を防ぐ狙いだった」と指摘する。この策が、少数株主の意見を経営に反映することにつながった。

◇

渋沢が日本に株式市場を導入してから約一四〇年。岩崎と渋沢が関わった企業の多くは、グローバル化の担い手として一段と存在感を高める。ただ、「渋沢銘柄」約五〇〇社のうち、その名を社名に残す上場企業は売上高六〇〇億円規模の「渋沢倉庫」のみだ。いまだに旧財閥名を冠し、強い結束を誇示する財閥系企業とは趣を異にする。

渋沢が志した「合本主義」は廃れゆくのか。象徴的な動きの一つが「親子上場」だ。親会社に過半数の議決権などを支配される子会社が、親とともに上場する事例は、日本の上場企業の六・一%にあたる二三八社が該当し、欧米を大きく上回る。企業は資金調達の手段を多様化できるが、親会社の意向が少数株主の権利に優先することが多く、海外からの批判は根強い。

二〇一九年三月、首相官邸で開かれた未来投資会議で安倍晋三が語気を強めた。「（このままでは）日本市場の信頼性が損なわれる恐れがある」。海外投資家の呼び込みを通じた成長戦略に影響しかねないと危機感を募らせた。

政府は産業界に親子上場の解消を求め始め、旧財閥系の企業が強い影響力を持つ経団連も重い腰を上げた。経団連会長、中西宏明の出身企業、日立製作所は二〇社以上あった上場子会社のうち、日立化成や日立オートモーティブなどを傘下から外すことを決め、二社まで減らしている。

◇

孫が企てた新市場、ナスダック・ジャパンは東証の牙城を崩せず、わずか二年で撤退に追い込まれた。それから十数年。六〇代になった孫が率いるソフトバンクグループ（SBG）の時価総額は、一九年には一時、トヨタ自動車（二一兆円）に次ぐ一一兆円超に膨らんだ。

SBGは一八年末、主力子会社の上場に踏み切った。企業の合併・買収（M&A）を通じて多くの企業を傘下に収め、インターネット財閥の総帥と呼ばれるようになった。その手法は、渋沢の流儀とは正反対にも映る。

一九年五月九日、決算記者会見で孫は余裕の表情を見せつつ断言した。「日本の財閥も渋沢さんが作られた仕組みも、素晴らしい。だが我々は、またそれとは違う形で進化を遂げたい」

今後は、人工知能（AI）関連の世界トップ企業に出資を続けるが、筆頭株主にはなっても、経営を支配する過半出資にはこだわらない。岩崎流でも渋沢流でもない手法を、孫は「群戦略」と名付けた。新たな経営のあり方は果たして、日本の資本主義の礎を築いた先達の二人を超えられるのだろうか。

◇

孫正義の「群戦略」は一九年秋、大きく躓《つまず》く。SBGが筆頭株主となる米シェアオフィス大手「ウィーワーク」を運営するウィーカンパニーの経営危機が表面化した。

SBGはウィー社に一一〇億ドル以上を投じたとされる。同社の株式評価損が主な原因となって一九年七～九月期は約七〇〇〇億円の巨額赤字に陥った。一九年一一月、孫はその巨額赤字を発表した決算記者会見の場で、「言い訳なし。反省している」とウィー社投資への失敗を素直に認めながらも、茶化すように語った。「決算内容はぼろぼろだ。真っ赤っかの大赤字。私自身の投資の判断がいろいろな意味でまずかった」

一〇年に創業したウィー社は、ベンチャーや中小企業、個人を主なターゲットにした会員制オフィスを展開。インターネット接続やコーヒー飲み放題といったサービスに加え、会員同士が交流しやすいスペースを設けるなど、新しい形のオフィスという点で話題を集めた。

ビルのフロアを所有者から一五年といった長期で借り、会員から月単位で会費を受け取るビジネスモデルだ。シェアオ

独自の「群戦略」を進む孫正義（2019年5月9日、都内で）

フィスの拠点数は一四年は二〇か所余りだったが、一九年六月には約五三〇か所に急拡大を遂げた。その急拡大をＳＢＧが出資などを通じて資金面で支えたが、成長のスピードが速すぎ、増えたオフィススペースを満たすだけの会員数を確保できなかった。一八年の決算は売上高一八億ドルに対して、最終利益がそれを上回る一九億ドルの赤字に達するという異常事態となった。

ウィー社は一九年初には企業価値が一〇〇億ドルを超える未上場の新興企業「ユニコーン」の代表格と期待されたが、市場では一転して事業の継続に強い疑念が生じた。世界で全従業員の二割にあたる約二四〇〇人の人員削減に乗り出し、九月には創業者でＣＥＯ（最高経営責任者）だったアダム・ニューマンが退任に追い込まれた。同社は同時にＩＰＯ（株式新規上場）の申請も撤回している。

ニューマンによる会社私物化といったスキャンダルも影響した。経営不振が表面化するのと軌を一にして、自身が所有権を持つビルとウィー社が賃貸契約を結び、同社から資金を受け取っていた利益相反の行為が判明した。自身が「（社内のパーティーで）役員たちと朝まで飲み明かして、オフィスの窓を割ってやったよ」と従業員らに自慢げに語った、と報じられたこともある。

これまで、成長しそうなベンチャーをいち早く見つけ出して投資し、稼いできた孫の判断を「千里眼」と評する声もあった。今回のウィー社への投資に、孫による投資先選びや新規事業参入の判断にほころびが生じたと見る向きもある。だが孫は記者会見で、「再建は簡単だ。ＳＢＧは難しい再建を何度も成功させてきた」と自信を崩さなかった。中国のネット大手アリババグループの株式だけで一〇兆円を超える含み益があり、ＳＢＧが即座に経営が傾く懸念は小さいとの自負がある。

SBGは傘下にある一〇兆円規模の「ビジョン・ファンド」によるリスクの高い投資を見直し、出資した企業の経営改善に軸足を移すという。二〇年二月、子会社の国内携帯電話大手ソフトバンクの一部株式を担保にして最大五〇〇〇億円を借り入れると発表した。なおも強気だ。

3 「銀行とは川の流れのようなもの」

新しい一万円札の顔に選ばれた渋沢栄一は、銀行券と深い因縁がある。

NHKの朝の連続テレビ小説「あさが来た」（二〇一五～一六年放送）。明治期に実在した女性実業家の姿を描き、今世紀の同シリーズで最も高い平均視聴率二三・五％を記録した。

銀行券の新たな顔ぶれが発表された二日後の一九年四月一一日に再放送された第一〇一回で、偶然にも渋沢が「銀行の神様」として登場した。渋沢役の三宅裕司は、銀行設立を目指している主人公白岡あさを演じる波瑠に「銀行は信用が大事だ」と説く。

史実でも、大蔵官僚として銀行制度を整備した渋沢は、日本における銀行の生みの親だ。官僚を辞した一八七三年、日本で初めての民間銀行「第一国立銀行」を設立し、自ら総監役（後に頭取）に就任した。設立に関わったのは四〇行。当初は民間銀行がお札を発行していた。第一銀行が韓国に進出した際は、渋沢がお札の顔となった「第一銀行券」が現地で流通したこともある。

◇

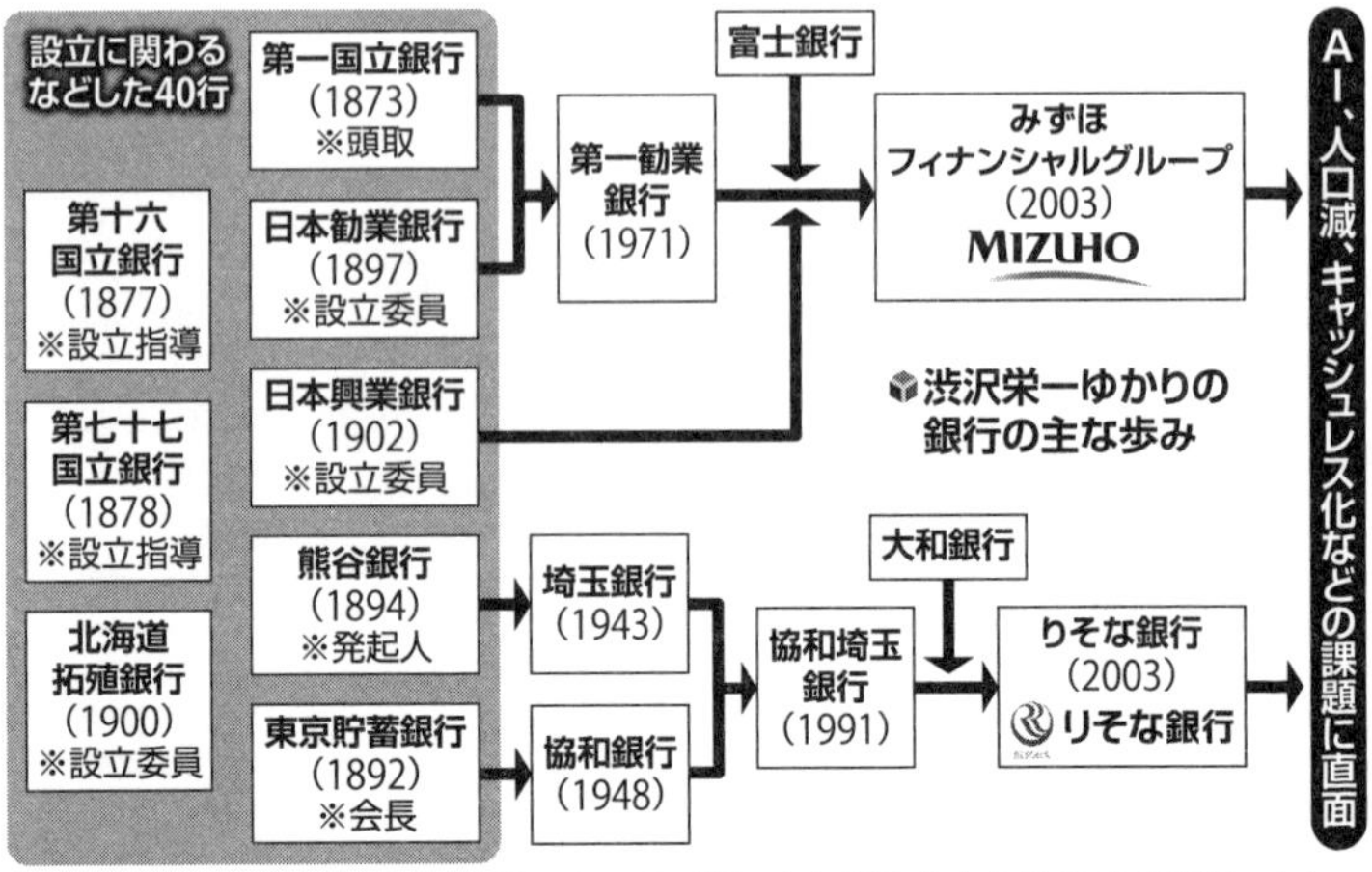

第十六国立銀行、第七十七国立銀行はそれぞれ現在、十六銀行、七十七銀行。※は渋沢の主な関わり方。( )内は設立もしくは名称変更年。一部省略あり。渋沢史料館の資料などに基づく

「銀行とは川の流れのようなもの」――。渋沢はこう唱え、人々の手にあるお金を広く集めて、産業育成を支えるという役割を川に例えた。銀行はその後、日本の経済成長を資金供給面から支え、取引先企業と株式持ち合いや役員の派遣で長期的な関係を築く「メインバンク制」が広がった。企業は、市場調達よりも銀行貸し出しに依存した。

バブル経済期には、多くの銀行が時価総額で世界トップ一〇入りを果たしたが、流したお金で個人も企業も不動産投機に興じた。平成に入って泡がはじけると、残ったのは膨大な不良債権だった。バブル崩壊、金融危機にリーマン・ショックと、難局に幾度も直面してきた銀行界で、生みの親である渋沢の理念に立ち返る動きが広がる。

二〇一九年四月九日、さいたま市にあるりそなグループの研修施設。新入社員一七七人が「渋沢研修」に熱心に耳を傾けた。人材サービス部グループリーダーの篠崎貴士は、道徳と企業の利益は両立す

ると渋沢が唱えた「論語と算盤」の理念や、渋沢につながるりそなの歴史を講義した。

りそなは二〇〇三年、実質国有化という形で預金者や取引先の信用を失った苦い経験がある。経営陣が不良債権処理を先送りした。十数年が過ぎ、行内外で語り継がれた「りそなショック」を経験しない社員は五割となった。「ときに社会は、利益を過剰に追求する方向に流れる。渋沢の理念は忘れてはならない」と説明する篠崎は、三〇年来の渋沢ファン。息子に栄一郎と名付けた。

第一銀行の系譜を引くみずほフィナンシャルグループ（FG）の社長、会長を歴任した塚本隆史は退任後、歴史や経済などの専門家数十人で作る渋沢研究会に参加者の一人として顔を出す。「経済の金融化が進みすぎ、行き着いた先が二〇〇八年のリーマン・ショックだった」。みずほFGなど三メガバンクは二〇〇九年三月期、数千億円の巨額赤字を計上。当時副社長だった塚本は、愛読書の『論語と算盤』を何度も読み返したという。

◇

キャッシュレスと人工知能（AI）化。銀行界に、これまでの進化とは非連続な波が押し寄せる。渋沢の出身地、埼玉県深谷市もキャッシュレスに沸く。一九年五月一一日午前、市中心部にある深谷公民館に三〇〇人以上の市民が詰めかけ、市が初めて電子ポイントで発行するプレミアム商品券を買い求めた。購入額より一割多い金額分を利用でき、スマートフォンや専用カードを使って、市内約二〇〇店のみで使える。予定した一億円分の商品券は、三日間でほぼ全額が売り切れとなった。

政府は二五年までにキャッシュレス比率を現在の約二〇％から四〇％まで高める目標を掲げた。

新1万円札への起用を機に、地元偉人のアピール熱が高まる（2019年5月11日、JR深谷駅で）

人手不足解消やデータ活用が狙いだ。一九年一〇月の消費増税を機に、キャッシュレス決済に対して最大五％分のポイント還元をする制度が始まったことも、脱現金化を後押しする可能性がある。仮想通貨ビジネスに本格参入したマネックスグループ会長兼社長の松本大は予想する。渋沢が顔となる一万円札が「最後の紙幣になるかもしれない」。

ＩＴ（情報技術）と融合した金融サービスを提供するフィンテック企業は、キャッシュレス決済やＡＩを活用した投資提案サービス、会計管理を始め、銀行の既存事業は脅かされている。

令和時代の幕開けに、渋沢の教訓は生かせるのか。みずほ総合研究所の副理事長、高田創は、渋沢が銀行の設立にとどまらず、幅広い分野の事業会社を創設した点に着目する。

「新たな時代における事業の担い手の育成や企業のイノベーション支援など、金融と実業が二人三脚で進む必要がある。実業の復興こそ、政府が紙幣刷新に込めたメッセージだ」

4　生涯をかけた民間経済外交

平成から令和にわたる一〇連休（二〇一九年四月二七日〜五月六日）。京都市立高倉小学校に保管されていた一体の人形が、京都の姉妹都市、米国・ボストンに「里帰り」していた。ブロンズの短髪が愛くるしい、その名はメリー・シュナイダー。

一九二七年、米国人宣教師シドニー・ギューリックらの呼びかけで、米国の子どもたちが日本の小学校や幼稚園に送った「青い目の人形」約一万二〇〇〇体の一つだ。昭和初期の日米親善が今に伝わる。協力したのは八七歳の渋沢栄一だった。

◇

民間経済外交。経済人が主導して諸外国との融和を図る取り組みに、渋沢は生涯をかけた。「人形外交」の四半世紀前、初訪米した際にはセオドア・ルーズベルト大統領と会談した。米国までの船便が片道二週間かかる時代。実業家らで訪米団を何度も結成し、日米関係の重要性を説いて回った。

日本は売ってばかりで買わない――。米国では当時、対日貿易赤字に批判が上がっていた。今でいう「貿易摩擦」だ。米国は、新興国だった日本の基幹産業である生糸や綿製品の主な輸出先だった。渋沢は、訪米先の晩餐会《ばんさん》で、こう説得した。「欧州に比べ売り込みに冷淡な米国の商品を、なおかつ八〇〇〇万円も輸入しているのは、米国に対する日本人の歴史的感情だ。日本が買ってあげている」

渋沢の時代と現代で、取り巻く環境に類似点もある

日露戦争の勝利で得た満州（現、中国東北部）の利権をめぐっても日米は対立し、危機感を募らせていた。渋沢は当時、こう伝えたとされる。「ややもするとアメリカ国民は極端に走る傾向がある」

その懸念は約一世紀を経て現実になる。

◇

日米友好の証《あか》しとして、メリーがボストンに迎え入れられていた二〇一九年四月下旬。日米両首脳はホワイトハウスで対峙《たいじ》した。

「日本は米農産品に高関税を課している。我々は関税撤廃を望んでいる」。首相の安倍晋三に米大統領のドナルド・トランプは難題を突きつけた。「米国第一主義」を掲げて民意を集め、通商政策では、年九〇〇〇億ドルに迫る貿易赤字の解消を最重要課題と位置づける。

戦前から戦後にかけ、緊張と緩和の間を揺れた日米は今、「経済的に運命共同体」（経団連幹部）の同盟国だ。そこに米国第一主義の刃《やいば》が向かう。

農産品だけではない。安全保障上の理由をたてに、日本車に対する追加関税をトランプが要求するとささやかれた。日本の自動車業界が懸念するのは一九八〇年代に勃発した摩擦の再来だ。当時、貿易赤字の縮小を迫られた日本勢は対米輸出の自主規制に追い込まれた。

世界二位の経済大国、中国にも容赦ない。米中双方が相手国へ追加関税を応酬しあうなかで、米国は中国からの輸入額のほぼ全てを対象にすると表明した。報復の連鎖は「摩擦」を超え、「戦争状態」ともいえる。「米中対立は貿易分野から先端技術の覇権争いまで拡大し、先鋭化・長期化の様相だ」。日本貿易会会長で住友商事会長の中村邦晴は二〇一九年五月一五日の記者会見で懸念を示した。

◇

渋沢による民間外交にもかかわらず、米国では反日感情が高まり、日本などからの移民を制限する通称・排日移民法が一九二四年に出来た。二九年の世界大恐慌後、欧米列強が自国の利益を優先する排他的なブロック経済になだれ込んだ歴史は示唆的だ。「青い目の人形」は、悪化するばかりの日米関係の融和をあきらめなかった渋沢流の象徴だった。

「今の国際関係は、民間が政策を重ねて多重的コミュニケーションを図るのが大事。日米欧中で連携をとるよう日本が動くことで存在感を作る」。二〇一八年九月、訪中して首相の李克強《リークォーチャン》との会談に臨んだ後、経団連会長の中西宏明は語った。渋沢の時代から一世紀が過ぎ、民間外交の主役は経団連が担う。その舞台として、中国の比重は高まった。「国だけで国際関係を作れる時代じゃない」。中西の持論だ。

自動車世界最大級メーカーの盟主も動く。「私はアメリカが好きです。どんな方向になっても私の会社はこの国に残っていきたい」。一九年三月一五日。米国の首都ワシントンで講演したトヨタ自動車社長の豊田章男が聴衆約六〇〇人に訴えた。トヨタが米国に工場を抱えて雇用を生み、米国内への投資を続けていると表明した。トランプが検討する関税に直接は触れず、こうも言った。「ナショナルスレット（安全保障の脅威）となぜ言われるのか、大変心が痛い」

豊田が当地でメッセージを発信するのは、大規模リコールに絡み、一〇年に議会で証言して以来だとされる。本業に専念したいと、財界活動から距離を置いていた豊田をトランプ外交への焦燥が突き動かした。

◇

二〇年一月一日午前〇時、日本と米国の新たな貿易協定が発効した。日本が環太平洋経済連携協定（TPP）と同じ水準まで米国産の牛肉や豚肉などの農産品にかける関税を引き下げる。米国は、自動車分野以外で、日本から輸入する幅広い工業品の関税を撤廃・削減する内容だ。日本が重視するコメは協定の対象から外れた一方、米国が日本車にかけている関税（乗用車で二・五％）の扱いは継続協議となっている。

米中両政府は一月一五日、貿易協議の「第一段階」合意文書に署名し、二大経済大国の貿易摩擦はひとまず緩和された。米国は貿易摩擦が本格化した一八年七月以降初めて対中制裁関税を引き下げるが、一部にとどまる。過剰な産業補助金といった中国の構造問題は先送りされた。

変容する日米・米中関係、そして世界経済を襲う保護主義のうねり。資源も市場も海外に依存する日本で、民間企業が出来ることは何か。「渋沢流」は改めて問いかける。

インタビュー

新一万円札の顔となる渋沢栄一は、道徳と企業の利益の両立を意味する「論語と算盤」と、広くお金を集めて事業を営み国を富ませる「合本主義」を唱え、日本型資本主義の礎を築いた。令和時代に、その理念をどう生かすか、渋沢が初代を務めた東京商工会議所会頭の二一代目で、日本商工会議所会頭を兼務する三村明夫氏と、渋沢の玄孫《やしゃご》にあたる渋沢健・コモンズ投信会長の二人に聞いた。

（二〇一九年五月一八日掲載）

今も受け継がれる公益配慮の経営

日本商工会議所会頭　三村《みむら》明夫《あきお》氏（七八）

企業が利益を上げるのは当たり前だけど、同時に公益も考えないといけない。こうした渋沢栄一

の思想は、資本主義の欠点や問題を是正するものだ。

経済が成長すると所得格差が拡大する。社会を不安定化させ、大衆迎合主義（ポピュリズム）が台頭するなど、多くの人が不幸になる大きな問題だ。解決する手段は一つが国の社会保障政策で、もう一つが「論語と算盤」の思想、つまり企業経営者のモラルだ。近年、大手企業による品質問題が相次いで明らかになり、日産自動車前会長のカルロス・ゴーン被告による特別背任事件も起きた。渋沢の理念を受け継ぐこと自体に価値がある。

以前、新日本製鉄（現、日本製鉄）社長として米国の投資家と話した際、「あなたのパートナーは我々、投資家だけだ」と言われ、大きな違和感を感じた。株主を重視しない経営は成り立たないが、短期的な配当や会社の売買で利益を得ようとする株主のために会社は存在しているのではない。会社は、株主だけでなく顧客や従業員も含め、全てのステークホルダー（利害関係者）のためにあるという考えは、日本の多くの経営者がもっている。それが日本独自の資本主義を支えたし、渋沢の理念が影響している。

渋沢が設立に関わった四八一社・団体は、金融、電気、ガスといったインフラ産業から製紙や絹織物、ビールまで、生活や経済成長に欠かせない企業ばかりだ。このうち一八五が生き残り、渋沢の思想は経済界に一定の影響力を及ぼしている。私の出身企業の日本製鉄もその一つ。天下国家を考える八幡製鉄と、八幡を追い越そうと利益を追求した富士製鉄が合併して発足した経緯もあり、その思想を受け継いでいる。

日本には長寿の企業が多い。江戸時代の思想家・石田梅岩やパナソニックの創業者・松下幸之助も、渋沢と同様、社会全体のことを考えるべきだとした。そうした理念や哲学が綿々と受け継がれ、日本型資本主義の一角を形作っているのだろう。

「合本主義」という未来志向の発想

コモンズ投信会長　渋沢健《しぶさわけん》氏（五八）

高祖父である渋沢栄一が紙幣の顔に選ばれたことは大変うれしい。私なりの解釈だが、サステナブル（持続可能）な社会づくりという新しい時代へのメッセージと受け止めた。私企業などの利益を追求する「算盤」と道徳を意味する「論語」の両方を合わせることが持続可能性につながる。両者は車の両輪のように、左右で大きさが違うと未来に向かって進めず、同じところをくるくる回ってしまう。

栄一は銀行の役割を川の流れに例え、一滴一滴が合わさって大河になるように、家庭などに眠るお金を国中から広く集めて、これを元手に産業を育てる意義を示した。これが「合本主義」という考え方だ。そこには、一人では何もできないかもしれないが、皆でよりよい未来を作るという未来志向の発想がある。

明治末期、あるいは大正から昭和へという時代の変わり目に栄一が唱えていたことは、現代にそのまま通じる内容が多い。事なかれ主義や前例主義、さらには何でも政府に依頼するという政府万能主義になってはいけないといったことだ。もっと若者が元気を出すようにとも書いてある。経営者が多くの株主から信頼を失った時はいつでも去るべきだとも求めている。これは企業統治(コーポレートガバナンス)という考え方だろう。

三菱財閥の創設者である岩崎弥太郎と対照的に比較されることが多いが、実は互いに協力者でもあった。下級武士と農家の出身だった二人は、明治維新を機にたまっていた自身の不満や怒りを、うまくいい方向に使って経済人として力を発揮した。

私自身、明治初期の一八七〇年頃以降、日本は「繁栄」と「破壊」をおよそ三〇年周期で繰り返してきたと考えている。一九六〇~九〇年は高成長、九〇年以降はバブル崩壊とデフレの時代がそれぞれ続いた。令和時代が始まり、新しいお札も出る。変化しないといけないというエネルギーが蓄積され、新しい時代に入ったときに、ポーンとはじけてくれれば、次のステージに行けるのではないかと期待している。

番外篇　二一代目の東商会頭

渋沢から数えて二一代目の東京商工会議所会頭となる三村明夫。東商会頭は、全国組織の日本商工会議所会頭を兼務する。二〇一九年一一月、「会頭任期は二期六年」という慣例を破る形で異例の三期目入りを果たした。

「過去二期（六年）という一つの慣習を破ることへの心理的抵抗は、もちろんあった」

その約九か月前の同年二月、三期目入りを正式に表明した記者会見で三村が自ら触れた慣習をめぐり、日商はかつて、大きな混乱に陥った経験がある。

日商会頭の稲葉興作（石川島播磨重工業〔現、ＩＨＩ〕出身）が「ただちに後継者を絞り込むのは難しい。継続したい心境だ」と三期目の続投を表明した二〇〇〇年二月のことだ。七六歳の稲葉への高齢批判が広がった。

稲葉の居座りは、東商副会頭らの反発を呼ぶ。東商は一九九七年に会頭任期を二期六年とする内規を決めていた。稲葉は結局、期限付き続投という変則的な形を取り、二〇〇一年七月、旭化成会長の山口信夫にバトンを渡した。

三村明夫氏　1963年、東京大学経済学部卒、富士製鉄（現、日本製鉄）入社。2003年、社長、08年、会長。18年、社友名誉会長。13年11月から日商、東商の会頭。群馬県出身。写真は３期目の続投を決めての記者会見（2019年２月７日午後、東京都千代田区で）

三村は当時の稲葉の年齢を超え、三期目の終わりには八一歳に達する。だが、今回、三村に対し、慣例破りへの批判は日商や東商内からほとんど聞こえてこなかった。背景には、会員数減による日商の地盤沈下という

戦後の日本商工会議所会頭（敬称略）

	出身企業	任期
高橋 竜太郎	大日本麦酒（アサヒビール、サッポロビールの前身）	1947～51年
藤山 愛一郎	大日本製糖（現、大日本明治製糖）	51～57年
足立 正	東京放送（現、TBSホールディングス）	57～69年
永野 重雄 	新日本製鉄（現、日本製鉄）	69～84年
五島 昇	東京急行電鉄（現、東急）	84～87年
石川 六郎	鹿島建設	87～93年
稲葉 興作 	石川島播磨重工業（現、IHI）	93～2001年
山口 信夫	旭化成	01～07年
岡村 正	東芝	07～13年
三村 明夫	新日本製鉄（現、日本製鉄）	13年11月～

問題がある。

日商は地域の中小企業の経営者や個人事業主ら一二五万会員を抱える。日商の発言力の源泉は、衆院選や参院選で力を発揮するこの会員数だ。にもかかわらず、この六年で三％以上減った。地方は会員の組織率が高いが、地方経済の疲弊とともにじり貧となっている。

三村は経団連の会長候補に何度も名があがった財界の大物だ。経済だけでなく、政治や外交も含めた論客で知られる。中小・零細企業の声の代弁者にとどまらず、その発信力は高い。経団連会長を差し置いて「真の財界総理」との声も漏れるほどだ。地盤沈下に悩む日商が三村頼みを強めているからこそ、異例の三期目はすんなり決まった。三村は自身の任期について「最大であと一期（三年）」と明言したが、一九年二月の東商の常議員会では、出席者からは、四期目すら求める声が上がった。

ほぼ丸一年後の二〇年二月一三日、渋沢栄一が設立に関与したゆかりの企業が一堂に会した「渋沢ネットワークフォーラム」が都内で開かれた。渋沢の一八〇回目となる誕生日に合わせて、三村が発案して東商が主催した。りそなホールディングス、東洋紡、東京証券取引所など八二社の幹部らを前に三村は高らかに宣言した。「渋沢の思想がより多くの方々に認識され、ひいては我が国の永続的な発展につながるように活動を進めたい」

東京・丸の内の東京商工会議所本部内にある大ホールは、同日付で改装オープンして「渋沢ホール」と名付けられた。これも三村の命名だった。

第六章　株主総会

1 猛威を振るう「物言う株主」

企業の経営に積極的に関わろうとする「物言う株主」が動きだした。二〇一九年六月に行われた株主総会では、投資ファンドなどから株主提案を受けた企業は五四社と過去最多となった。

七二〇億円分の自社株買いを行うか否か――。会社の資金で株を大量購入し、株価上昇を期待する株主提案だ。米投資ファンド、ファーツリー・パートナーズがJR九州に突きつけた。

「短期的な株主還元しか考えていない」。JR九州が一九年六月二一日の株主総会に向け、議案に反対する委任状を株主から募り始めると、ファーツリーはインターネット上で「JR九州にとっての最善策」と題する専用サイトを開き、賛同を呼びかけた。

新一万円札の顔となる実業家、渋沢栄一は明治後期の一八九九年、JR九州の源流となる九州鉄道の株主総会を控え、株主間の利害を仲裁した記録が残る。渋沢なき今、危機感を強めたJR九州は、約一一万人の個人株主を対象に電話作戦に乗り出した。六月上旬から、担当部署の社員総動員で委任状の返信を呼びかける。「聞いたことがない」。専門家も驚く異例の手法である。

JR九州社長の青柳俊彦は、ファーツリーの投資責任者、アーロン・スターンと二月に面談し、愕然《がくぜん》とした。「鉄道事業への関心が全く感じられない」

株主還元は改善する余地がある。駅ビル事業は高く評価している――。スターンが要求した七二〇億円分の自社株買いは、発行済み株式の一〇%に相当する。「資金は鉄道網を維持する投資に回す局面だ」。経営陣らの反論とスターンの言葉はすれ違い、交渉は決裂した。スターンは言う。「自社株買いは小規模で、成長投資には影響しない」

◇

株主の割合は、個人が減り、外国人が増える
主体別の株式保有の内訳（日本取引所グループ調べ）と日経平均株価の推移

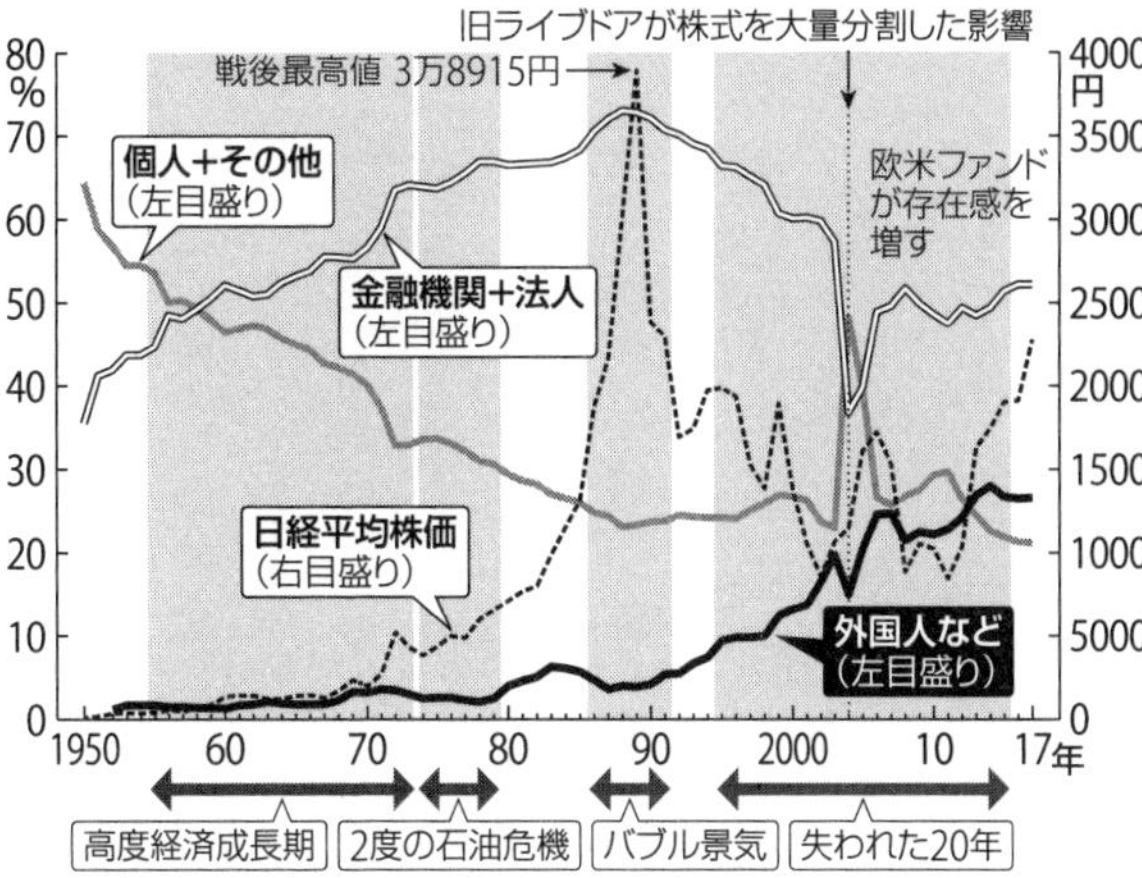

世界的な金余りで潤沢な投資資金を手にした物言う株主が、株主提案を武器に猛威を振るう。

「報酬一円で、社外取締役に就任する」。公的資金を抱える新生銀行の株主総会で二〇一九年六月一九日、米ファンド、ダルトン・インベストメンツの創業者が、自らの就任を求める議案を提案した。ダルトンの狙いは経営に参画し、自社株買いを実施させること。新生銀が公的資金を完済するには株価が、政府が目安とする一株七四五〇円以上をつける必要があるが、足元では一六〇〇円程度とおぼつかない。議案は否決されたものの、約二割の賛成票が投じられた。

ソニーの総会五日前の六月一三日には、米ファンド、サードポイントがソニー株一五億ドル（約一六〇〇億円）分を取得し、半導体部門を分離・上場するよう求めたと表明した。

日本勢もうごめく。六月一九日午前、日本郵船の総会会場に投資会社「レノ」代表・福島啓修が現れた。レノは、二〇〇〇年代前半、「村上ファンド」を率いた村上世彰の影響下にあり、同じ旧・村上ファンド系の「南青山不動産」と共同で日本郵船の株式六％弱を握る。総会で福島は発言をせず、静かに会場を後にしたが、日本郵船は身構える。

◇

自社株買いや増配、取締役選任などを求める株主提案が増えている背景には、機関投資家の行動指針「スチュワードシップ・コード」の存在がある。指針は一四年以降に整備され、機関投資家に投資先企業との対話を通して企業価値向上を目指すことを求める。国内の保険会社や信託銀行などが企業に「物を言う」ことを迫られ、企業側も株主と向き合って対話を繰り返すようになった。投資家が皆、「物言う株主」化し、海外のアクティビスト（物言う株主）たちが受け入れられやすくなった。

◇

実際、総会前の対話で決着した例は増えている。東芝は一九年五月、社外取締役を一〇人に増やし、うち四人をファンド出身者ら外国人にすると発表した。米ファンドのキング・ストリート・キャピタル・マネジメントが三月、取締役一二人の過半数を交代させる人事を求めていた。アクティビストたちの提案も、委員会等設置会社への移行など企業統治改革を求める長期的視点のものが増えた。

渋沢が活躍していた明治時代、個人株主が大半を占め、総会は毎度のように荒れた。その後、高度成長期には「シャンシャン総会」が登場。会場の最前列に陣取った社員株主が「異議なし」を連発し、個人株主の発言を封じた。企業間の株式持ち合いが進み、個人株主が保有する上場企業の株式の割合は一九八〇年代以降、三割未満に落ち込んだままだ。経営側と大株主のなれ合いが、長く続いた。

今、「シャンシャン」はすっかり過去のものとなった。アクティビストが日本を目指す理由はまだある。日本企業が積み上げた巨額の内部留保だ。

二〇一九年五月に東京・秋葉原で開かれた「アクティビスト・フォーラム」。欧米やアジアのファンド関係者約六〇〇人が日本投資への熱意を語る中、米系ファンドの最高経営責任者イェスパー・コールが流暢《りゅうちょう》な日本語で高らかに宣言した。「日本企業には五〇〇兆円の内部留保と割安感と潜在力がある」。令和の始まりは、物言う株主元年となった。

◇

定時の株主総会シーズンが終わっても、レノは存在感を示し続ける。一九年一二月、レノは住宅賃貸大手レオパレス21に対し、取締役一〇人全員の解任を求めて、臨時株主総会の開催を要求した。アパートの施工不良が相次いで発覚したレオパレス株を買い増し、経営改革を提案してきたが受け入れられず、「現経営陣には経営を任せられないと判断した」というのが理由だ。

レノは、主力の賃貸事業について、「信頼回復すれば二〇〇〇億円以上の価値がある」として、他社への事業譲渡を提案。これに対し、レオパレスは「解体的買収」と猛反発した。株主総会の開催は「権利乱用に該当する」と当初否定したが、レノが東京地裁に株主自らが総会を開けるよう申し立てると、一転して二〇年二月の開催を表明した。

会社側の姿勢に、レノも一月下旬、全員の解任を求める提案は撤回し、取締役候補一人の選任を求めるよう修正した。二月二七日の臨時株主総会でこの提案は否決されたが、六月の定時株主総会に向け、対立が再燃する可能性は残る。

2　投資ファンド　改革迫る

素性が分からない株主から、突然、株主提案が来た。そんな企業の駆け込み寺が東京・霞が関にある。アイ・アールジャパン。株主対策の助言を手がける。自社サイトで、「プロキシー・ファイト（委任状争奪戦）でほとんど負けなし」と豪語する。二〇〇五年、三共と第一製薬の経営統合をめぐり、村上世彰率いる「村上ファンド」が反対を表明した。アイ・アールジャパンは三共側のアドバイザーとして委任状争奪戦を支援し、経済界にその名をはせた。

強みは、株主判明調査だ。日本マスタートラスト信託銀行、資産管理サービス信託銀行――。株主名簿に並ぶ信託銀行は「名義株主」に過ぎない。投資ファンドなど機関投資家は、保有する株式の管理を金融機関に委託することが多いためだ。名前が見えない「実質株主」こそ、企業にとっての交渉相手。アイ・アールジャパンは、顧客の上場企業などと結んだ秘密保持契約を駆使し、「正体」を探り当てる。

社長の寺下史郎は「株主を十分に把握せず、ファンドから提案を突きつけられて初めて慌てる経営者は多い」と話す。従業員約一六〇人の小さな所帯だが、契約を結ぶ顧客は日本の上場企業約三七〇〇社のうち二割、売上高一兆円規模の企業に限れば半数を超える。同社の一九年三月期決算は売上高四八億円、営業利益一四億円で五年連続で最高益を更新した。

◇

どんな企業が狙われるのか。投資ファンドのストラテジックキャピタルの代表、丸木強がまず着目するのは、企業が資本をどう活用しているかを示すバランスシート（貸借対照表）。研究開発などの投資に回さず、社内に資金をため込む企業を標的とする。株主利益を第一に考えず、ガバナンス（企業統治）が欠如した経営陣は退場すべきだと考える。

そのストラテジックが一七％を保有する機械商社「極東貿易」（東京都）の株主総会が一九年六月二〇日、都内で開かれた。「株主の利益は、配当と株価に尽きる」。株主約八〇人を前に丸木が披露した演説は三〇分余り、原稿はA４用紙五枚分に及んだ。要求するのは、「配当性向一〇〇％」。利益のすべてを株主に還元することを意味する。日本企業の平均とされる三〇％程度よりはるかに高い。

提案は否決され、「一〇〇％配当」は幻に終わった。だが、賛成票の割合は三割超となり、丸木はなお強気だ。「元々勝てるとは思っていなかった。賛成が二～三割もあれば経営陣にプレッシャーになる」

◇

日本企業の資本の使い方は、長く課題とされてきた。元手資金に対してどれだけもうけるかを示す「資本効率」は低迷が続き、企業が社内にため込んだ内部留保はこの二〇年で約三倍の約四五〇兆円と、国家予算の四倍以上に達した。

投資や給与に回され、経済成長に寄与するはずだったお金である。バブル崩壊以降、長く経済が停滞し、国内総生産（ＧＤＰ）が伸び悩んだ「失われた」時代。企業経営者は保守的になり、リスクをとるよりお金をため込んだ。投資ファンドはその非効率を突く。

日本の株主総会の位置づけも投資ファンドを勢いづかせる。日本では総会は最高意思決定機関となり、総会で株主の議決権の過半を集められれば、取締役の選任にも口を出せる。米国では取締役会の権限が大きく、総会における株主の権利が限られているのとは対照的だ。株主と企業との対話を求める機関投資家の行動指針「スチュワードシップ・コード」も投資ファンドの活動を後押しする。

「日本は世界一株主に優しい」。大和総研主任研究員、鈴木裕の弁だ。

金の出し手によるプレッシャーという、投資ファンドの事情もある。低金利で運用難に陥っている年金基金などの機関投資家から、より高い利回りを求められているのだ。例えば、米カリフォルニア州職員退職年金基金、「カルパース」。運用資金は米国の年金基金で最大規模となる三七兆円を

日米中のＧＤＰと日本企業の内部留保

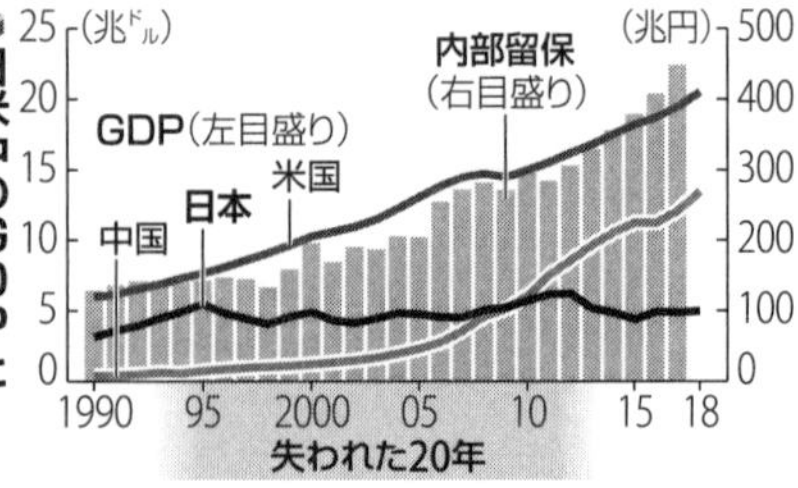

※名目ＧＤＰは暦年、ＩＭＦから。内部留保は年度、法人企業統計

誇る。同基金が目標とする一九年の利回りは七％に上る。

◇

一昔前の二〇〇〇年代半ば、米ファンドのスティール・パートナーズ・ジャパンはブルドックソースやサッポロホールディングスなどに経営改善要求を突きつけた。本業以外に不動産を多く抱えているといった理由で狙いを定め、敵対的株式公開買い付け（ＴＯＢ）も辞さないその攻撃的な手法に一般の株主や日本社会から強い反発を受けた。

今、ファンドが掲げる経営改革は、ほかの機関投資家や一般株主の支持を取り付けることも多く、様相が異なる。ファンドを含む株主と協調して経営を見直す空気も生まれている。その一つが業務用冷蔵庫の製造販売、中野冷機だ。英ファンドなどの助言を踏まえて社外取締役の増員を行い、時価総額は約二倍に膨らんだ。市場関係者は「構造改革は自力では難しかったのでは」と話す。

一橋大学特任教授の伊藤邦雄は指摘する。「もの言う株主の提案に対し、経営陣がノーということが大事なのではない。それに対抗できるような企業価値を創造するシナリオやストーリーを打ち出すことだ」

3　社外取締役　明と暗

毎年六月は、インターネット動画大手ドワンゴ社長の夏野剛にとって最も忙しい月である。外部の立場から企業の経営を監督する社外取締役。ＮＴＴドコモの「ｉモード」生みの親として知られる夏野は上場七社で務める。企業の株主総会が集中する二〇一九年六月下旬、テレビ出演や慶應義塾大学での講義の合間を縫い、四社の総会を全てこなした。

二一日のセガサミーホールディングス（ＨＤ）の総会。直近の決算が減益となるなかで役員報酬の総額を引き上げる理由を尋ねた個人株主に対し、夏野は普段の柔和な表情で応じた。「今のタイミングで行うのが世界標準として正しいと思う」

役員報酬を聞かれたのは、社内の取締役より監督役として期待されているから、と夏野は自負する。「経営者と対等に、きちんと議論している」。総会以外でも、少なくとも年間一〇〇回を超える取締役会にほぼ皆勤賞ではせ参じ、多い日で一日五社の会議をはしごする。

◇

取締役会に社外取を入れるよう企業に強く迫ったのは、一三年に第二次安倍内閣が打ち出した日本再興戦略だ。経営に外部の目を入れて、経営陣が内向き志向から脱し、グローバル競争に打ち勝つ「攻め」の経営判断ができるよう後押しする。金融庁と東京証券取引所が策定した企業統治の指針「コーポレートガバナンス・コード」は、成長に向けた助言や経営陣の選解任を通じた監督を社外取の役割と位置づける。

セブン＆アイ・ＨＤは一九年四月、傘下のセブン‐イレブン・ジャパン社長の古屋一樹を任期途中にもかかわらず、会長に退かせる電撃人事を断行。二四時間営業の見直しをめぐって社内が混乱した責任を古屋に問うたのは、ＨＤ社長の井阪隆一と社外取らとされる。セブン＆アイは三年前にも、中興の祖で当時八三歳の鈴木敏文が会長退任に追い込まれた。鈴木主導で決めようとした人事案を社外取の一部が問題視したことがきっかけとなった。

同社の社外取の一人で一橋大学特任教授の伊藤邦雄は言う。「日本で企業統治という枠組みはできてきた。今後は、実際に各企業がどう行動するかだ」。独立社外取を二人以上導入した東証一部上場企業は一〇年代前半の二割未満から一八年には九一・三％に増え、主要四〇〇社に限れば九七・七％に達した。

◇

一方で、上場企業が全て社外取を置くには人手が足りないという現実がある。経営幹部向け人材を紹介するプロネッドが一八年に行った調査では、東証一部の上場企業約二〇〇〇社のうち、社外取や社外監査役を「二社以上」兼務するのは一一二四人と、全体の一四％を占めた。夏野の七社兼務を筆頭に、五社が五人、四社も五六人だった。経営者の経験があるのは三割だった。

社外取締役を導入する割合

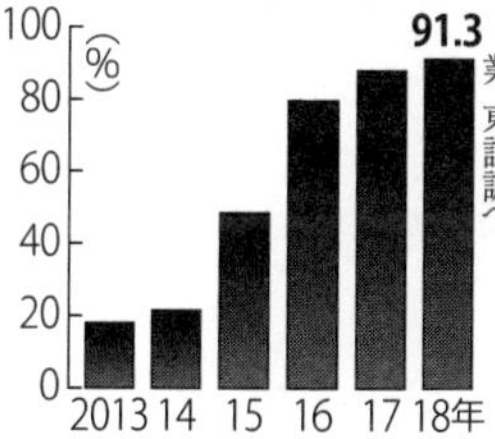

※2人以上の独立社外取締役がいる東証1部上場企業、東証調べ

経営の経験が豊富で、専門分野からの知見を経営に反映させる。企業が求める社外取の理想形だが、条件を満たす人材はそういない。人材不足を補う形になっているのが、官僚ＯＢ、大学教授、弁護士だ。関係者は「三大供給源」と揶揄《やゆ》する。

経営陣が男性に偏りがちななかで重宝される「女性枠」も、人手が足りない。暴力団への不正融資問題に伴い、社外取で取締役会議長としてみずほフィナンシャルグループのガバナンス立て直しを担ってきたのが大田弘子だ。第一次安倍、福田内閣の経済財政相、政策研究大学院大学特別教授など華麗な経歴を持つ。パナソニックやＪＸＴＧＨＤの社外取も兼務するが、常に女性の社外取候補として名前が挙がる。本人いわく、「三社が精いっぱい。本来は、ビジネスを知らない自分が就くのは望ましくない」。

◇

社外取を複数置いても監督機能には限界もある。東芝は、一五年に不適切会計問題を起こし、翌年には米原子力発電の巨額損失を取締役会が見抜けなかった。早くから社外取を導入し、「企業統治の優等生」と呼ばれていた名門企業。当時、外部の弁護士で作る第三者委員会はこう批判した。

「内部統制は機能していなかった」

東芝は一九年六月二六日の株主総会で、一二人の取締役のうち社外取を七人から一〇人に増員する人事案を示し、可決された。社長と会長以外はみな社外取になる。

経団連はかねて、社外取の設置を一律に義務づけることに反対してきた。人材の質が重要で、監査役の機能と重複するという主張だ。そんな財界の思惑をよそに、一八年五月末、経団連の定時総会で首相の安倍晋三はこう自賛した。「この四年でコーポレートガバナンス改革は一気に進んだ。今や上場企業では二人以上の社外取締役を置くのが基本だ」。金融庁などは今、取締役会に占める社外取の割合を三分の一以上にすることを掲げる。

機関投資家も動く。三菱ＵＦＪ信託銀行は一九年、取締役が一五人以上の場合、社外取が三人以上必要との基準を導入した。三人未満なら総会の人事議案に反対する方針を示した。議決権行使について株主に助言する米大手グラス・ルイスは、兼任が多い社外取の選任議案に反対するよう呼びかける。

現実と理想のはざまで悩む企業に、企業統治改革の波が押し寄せている。

4　助言会社が議案を左右

証券界の雄、野村ホールディングス（HD）が二〇一九年六月二四日に開いた株主総会は、取締役選任の一議案が淡々と可決される「凪《なぎ》」で終わった。その六日前まで、野村を嵐が襲っていたのがうそのようだ。

野村が、指名・報酬の両委員会のトップに社外取締役で日本たばこ産業元会長の木村宏を置く人事案を発表したのは一八日のこと。野村会長の古賀信行を両委員会トップに再任するはずで、総会の招集通知に記載していたが、差し替えた。異例の対応だった。

きっかけは、米議決権行使助言会社の「グラス・ルイス」と「ＩＳＳ」。機関投資家に対し、投資先企業の総会で採決される議案への賛否をどうするべきか「推奨」する。二社は六月上旬までに、古賀の取締役選任に反対を推奨した。取締役会議長でもある古賀による兼務は、「独立性の面から問題だ」とした。

野村は東京証券取引所の市場再編に関する情報漏洩《ろうえい》で金融庁から業務改善命令を受け、株主の信頼回復が最優先課題だった。野村株の三分の一以上は、助言会社の影響が大きいとされる外国の投資家が保有する。「このままでは総会でひっくり返される」（関係者）。議案の差し替えでグラス・ルイスが「賛成推奨」に転じたが、業界の巨人による白旗で市場関係者に動揺が広がった。

◇

ＩＳＳは正式名称「インスティテューショナル・シェアホルダー・サービシーズ」。競合するグラス・ルイスと二社合わせると、世界で四万社以上の株主総会でかけられる議案を扱う。「助言」市場はほぼ両社で握る。

多岐にわたる企業の株式を保有し、議案の内容を吟味する時間がない機関投資家にとって、助言会社のリポートや推奨が判断のよりどころとなる。まして、日本は、上場約三七〇〇社の半数以上の株主総会が、毎年六月下旬に集中するため、「助言会社頼みの傾向が強い」（市場関係者）。

金融庁は一七年、機関投資家向けの行動指針「スチュワードシップ・コード」を改定し、総会での議決権の賛否を原則、議案ごとに自主公表するよう求め、二〇年には、理由開示まで促す方針だ。助言会社の判断は理由として説明しやすい。

助言会社の影響力は絶大である。電子投票システム運営会社ＩＣＪによると、一八年の大手二二〇社の総会で機関投資家が取締役選任議案に反対した割合は、海外、国内の機関投資家とも七％台。だが、二つの助言会社がともに反対を推奨した場合、海外五一・二％、国内三七・七％に跳ね上がった。

ＬＩＸＩＬ（リクシル）グループに日産自動車――。取締役の選任議案で助言会社が「反対推奨」を突きつけるケースが相次いだ一九年、その存在感はいやが上にも高まっている。企業側が助言会社を訪れ、自社の見解を説明して賛成を求める「助言会社詣で」も一部で広がる。

リクシルグループでは、創業家一族で前会長兼最高経営責任者（ＣＥＯ）の潮田洋一郎と現ＣＥＯの瀬戸欣哉の対立から、会社と瀬戸側が一九年六月の定時株主総会でそれぞれ取締役候補を提案する経営権争いに発展した。瀬戸が推す候補者が全員選任されたのに対して、会社提案の候補者からはベネッセホールディングス特別顧問の福原賢一と元関東財務局長の竹内洋の二人が選任されなかった。その一因とみられたのが、ＩＳＳの推奨だ。選任されなかった二人について、金融業の経験があり「独立性が十分でない」などとして反対を推奨する意見を示していた。

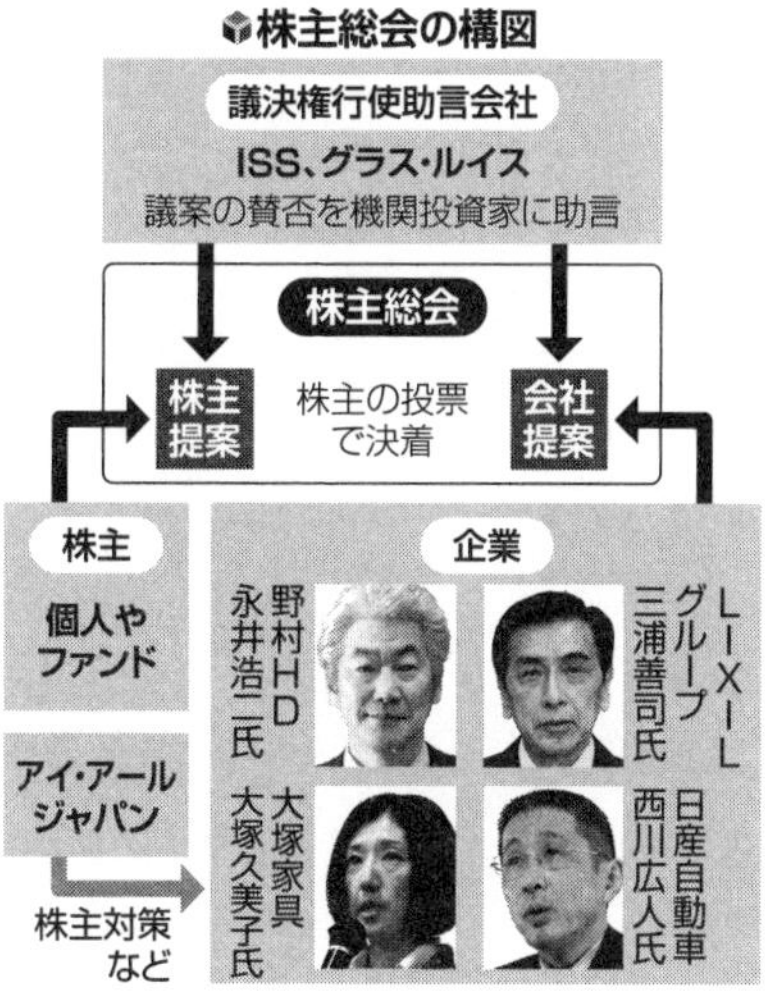

◇

会社の帰趨《きすう》を決めかねない「推奨」はどうやって決まるのか——。日本に常設の事務所をもたないグラス・ルイスは一九年一月から六月、短期契約で東京・新宿にオフィスを構えた。米国などから日本担当者七人のうち二人が来日したほかは臨時スタッフをかき集める。

約三〇人が手作業でパソコンに入力するのは、株主総会の招集通知に掲載された議案や決算資料といった企業情報。すると、自社で定めるガイドラインを反映したソフトウェアが、議案ごとに賛成か反対か自動的に判断する。六月に総会を行う対象企業は一八〇〇社前後に上る。不祥事などが発生した企業は、社員が独自の分析を加え、企業側の投資家に情報提供するIR担当者らと面談する。一九年は約八〇社の言い分を聞いた。

日本の顧客は年金基金や資産運用会社など五社程度。リポートの販売や各社の議決権行使の基準に対応した情報提供が主な収入源という。

◇

助言会社が賛成を勧めた議案が必ずしも、株価や企業価値向上につながるわけではない。例えば創業家親子が社長の座をめぐり争った一五年の大塚家具の株主総会。助言会社二社に推奨された大塚久美子が父、勝久から社長の座を守ったが、その後、業績、株価ともに低迷している。

批判も渦巻く。一八年一一月、経団連で開かれた議長・副議長会議。企業統治が議論される場で、助言会社の審査体制に疑義が唱えられた。経団連事務総長の久保田政一は言う。「助言会社は影響力が大きい割に体制が不十分だというのが経済界の主張だ」

海外では規制する動きも出ている。欧州連合(EU)は一七年、助言会社に対し情報源やスタッフの質の確保をめぐる情報開示を進める法整備を加盟各国に求めた。日本でも金融庁が二〇年春にも予定する「スチュワードシップ・コード」の改定で、助言会社に体制整備とともに助言の策定プロセスを具体的に公表するよう求める。形式的な基準で賛否を決めるのではなく、投資先企業の成長につながるよう工夫すべきであると明記することを決めた。

二〇〇八年のリーマン・ショック後、金融商品のリスクを十分評価できなかった格付け会社が矢面《やおもて》に立たされた。議決権行使への関心が高まるなか、助言会社の役割もまた問われている。グラス・ルイスのシニアディレクター、上野直子は存在意義をこう強調する。「投資家の立場に立って企業価値が危ういときは警鐘を鳴らす。日本の株式市場の発展に貢献できるはずだ」

5　優待制度で個人株主を囲い込み

首脳人事をめぐり、会社側と海外の機関投資家らが真っ向から対決したＬＩＸＩＬ（リクシル）グループ株主のうち、個人は二〜三割とされる。その割合がもっと高かったら結果は変わっただろうか――。安定的な経営を望む大手企業が今、個人株主の獲得に血道を上げる。

企業が提供する商品を気に入ったり、企業理念に共鳴したりして投資することが多い個人株主。三菱ＵＦＪ信託銀行の山崎和哉によれば、株主総会で議決権を行使する個人株主は、おおよそ九割が会社側の全提案に賛成する「与党株主」だという。

例えば、阪急阪神ホールディングス（ＨＤ）。総会には毎年、熱烈な虎党の個人株主が参集する。二〇一九年六月一三日の総会から初めて、鉄道や不動産事業関連以外の質問をする専用の時間が設けられた。「ドラフトで笑いをとってどうする」「一二球団で一番失策が多い」。披露されたのは、プロ野球・阪神タイガースファンとしての訴えだ。その後の議決では、会社側提案が全て可決された。

個人株主の拡大を目指した利益還元策の一つが、株主優待制度だ。大和インベスター・リレーシ

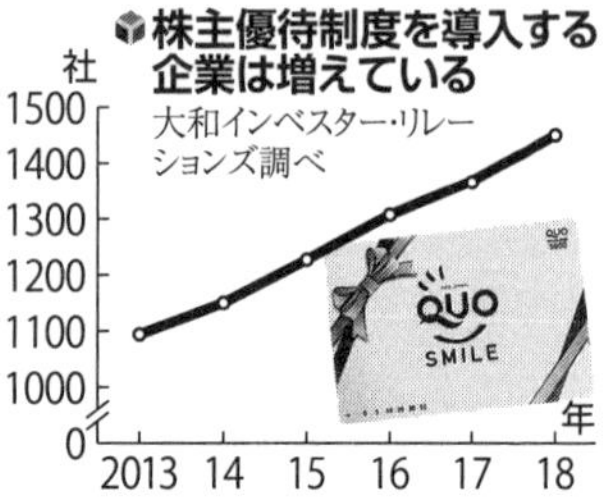

ヨンズの調査では、優待制度の実施企業は一八年九月、一四五〇社で過去最多となった。全上場企業の三八・五％に上る。航空券の割引チケットから遊園地の一日券、おもちゃまで内容は様々だ。リクシルはハウスクリーニング代金の割引券などを送る。

総会への参加を促すため、会場でお土産を配る企業も多い。三菱商事が一八年にお土産を取りやめると、総会の出席者数は前年比八割減の九九五人となった。

◇

戦後間もなく、株式保有の七〇％近くを占めた個人株主は、減少傾向が続き、一八年には二〇％近くまで低下。代わりに存在感を高めているのが機関投資家や外国人だ。「与党株主」の増加は、事実上の買収防衛策になるという意味合いがある。

二〇〇〇年代、外資系ファンドなどの買収におびえた企業が、買収者が現れたらほかの株主に株式を割り当てるような買収防衛策を相次ぎ導入した。近年、「株主本位でない」との批判から廃止する企業が増え、M&A（企業の合併・買収）助言会社レコフによると一九年五月末時点で導入する企業は約三三〇社と、二〇〇八年に比べ四割減った。ハウス食品グループ本社もその一つ。一九年六月二五日に開いた株主総会で廃止を決めた。企業が「丸腰」となれば、個人株主を増やすことが、最も効果的に身を守る手段となるわけだ。

◇

一方で、株主優待やお土産配布を疑問視する見方は多い。会社法は「株主平等原則」をうたうが、機関投資家におもちゃや割引券は不要で、総会への出席が難しい海外など遠隔地の株主は土産を受け取れない。

株主優待への採用が目立つのがＱＵＯ（クオ）カード。一〇年の七五社から、一九年は四〇〇社超に増える見通しだ。「利用しやすい」（地方銀行）として、土産代わりに配布する企業もある。

そのクオカード配布の是非が争点となった有名な判例がある。精密機器の中堅企業が総会に際し、議決権を行使した株主に対して五〇〇円分のクオカードを配った。これに対し、大株主が二〇〇七年、「違法な利益供与に当たる」と訴え、東京地裁の判決でも同様の主張が認定された。

株主総会に詳しい弁護士の牛島信は指摘する。「企業が優待を通じて個人株主を増やすのはもっともなことだ。ただ、優待やお土産は、議決も経ずに間接的な配当を株主に行っているとの見方もありうる」

株主の権利行使に関する利益供与を禁止する会社法は、一九九七年の第一勧業銀行と四大証券を舞台に起きた総会屋に対する利益供与事件に端を発する。法の根幹にあるのは企業統治を重んじる考えだ。以降、国は、経営の透明性を株主がチェックする仕組みづくりに力を入れてきた。機関投資家らの「一部の株主を優待して株価対策をするより、企業価値を上げて株価を上げ、配当を増やすべきだ」との主張は一理あるかに見える。

◇

個人株主の提案権を制限する動きもある。

「野菜HDに社名変更」「オフィス内の便器はすべて和式に」――。二〇一二年五月、野村HDが株主に発送した招集通知には、特定の個人株主による議案が一八も並んだ。会社側は反対を表明し、総会でも大差で否決されたが、「レベルが低すぎる」と議論を呼んだ。

会社法によると、議決権の一％以上、または三〇〇個以上の議決権を半年以上保有すれば株主提案を行える。これに対し、経団連は一八年四月、「三〇〇個」の要件を撤廃することを求める提言書を出した。

アイ・アールジャパンの集計では、一九年六月に開かれた総会で株主提案を受けた企業は五四社と過去最高で、議案数は計一七五になる。このうち一％以上を保有する株主による提案は一割程度とみられる。経団連の要望が実現すれば株主提案の多くは一掃される。現時点で、会社法改正の原案には要望は反映されなかったものの、経団連は実現をあきらめていない。

日本の個人が保有する金融資産約一八〇〇兆円に占める株式の割合は一割に過ぎず、株主総会は個人にとって遠い存在だ。ニッセイ基礎研究所の井出真吾は言う。「個人も五年、一〇年先の経営に関心を示し、物言う株主になることが必要になる」

物言う株主、社外取締役に個人株主――。それぞれが担う役割が変わるなか、企業価値向上にどうつなげるか。経営陣に多くの課題が突きつけられている。

インタビュー

六月二七日にピークを迎えた令和最初の株主総会は、取締役選任や統治改革などを提案する株主が目立った。企業と投資家の関係や企業統治はどうあるべきか。投資ファンドを描いた経済小説「ハゲタカ」シリーズの著者、真山仁氏と、企業統治を専門とする一橋大学特任教授の伊藤邦雄氏に聞いた。

（二〇一九年六月二八日掲載）

株主と企業　共存共栄は可能

小説家　真山仁《まやまじん》氏（五六）

自分が「ハゲタカ」を書いた一五年前は、投資ファンドが株主になったら、その企業がつぶれかかっていると多くの人が受け止めていた。今は、株主がモノを言うことに日本人が慣れ、市場の論理に経営者はあらがえないと思い始めている。

だが、日本企業は、特に名門企業ほど、ファンドから取締役に就くような提案を出す株主を煙たがる。メガバンクになら取締役の座を喜んで差し出すのに何が違うのか。ファンドは、集めたお金を投資してリターン（収益）を得る仕組みだが、銀行自身も大きな利益をあげている。

そもそも取締役会を身内だけで固めたがるのは日本だけで、欧米では株主が取締役を送り込むことが普通にある。株主は企業の良さを生かすよう経営陣に提案し、経営陣もそれを受け入れる関係であるべきだ。企業が成長して株価上昇や配当の増加につながり、株主と企業が共存共栄できる。

一方で、株価や時価総額こそが企業の価値かというと、それは違う。自社製品・サービスが消費者や取引先に求められるかだ。経営者は株価下落におびえるが、平成の三〇年間、日本は企業が何のために存在するかを見落としてきたように思う。令和の今、改めて見直す時なのではないか。

事前の情報開示を積極的に

一橋大学特任教授　伊藤《いとう》邦雄《くにお》氏（六七）

企業統治の指針「コーポレートガバナンス・コード」は二〇一八年六月の改定で、枠組みがほぼ完成し、企業がガバナンス改革に注力している。欧米にはだいぶ後れを取っているものの、自社の資金などでどれだけもうけているかを示す自己資本利益率（ROE）の向上が期待できるため、海外のアクティビスト（物言う株主）の呼び水になっている。

今後は企業が質の面をどう高めるかが問われる。社外取締役の数を三分の一以上に増やしても、取締役会の活性度が上がるかは別問題だ。ここ数年、社外取に対するニーズが急増し、人材不足で社外取の本来の役割である経営の監督機能を果たせていないケースも出てきている。

企業は投資家を選べないと言われる。だが、きちんとした対話を進めればその哲学や属性がわかり、大事にすべき投資家かどうか選別できる。長期保有が目的の投資家に自社の株式を買い増してもらえば、短期売買による利益を重視する物言う株主への対抗策にもなる。

対話には株主総会が一番大事な場面となるが、それに向けた企業による情報の開示や共有をより積極化することも必要だ。

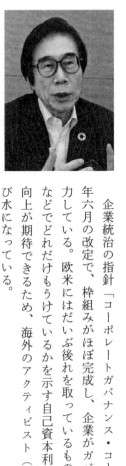

第七章　中小企業、地方経済

1　地方都市から百貨店が消える

主要駅前の一等地や目抜き通りの中心に位置し、集客を通じて地域の賑わいを演出してきた地方百貨店。二〇二〇年一月下旬、その灯が一つまた消えた。

山形市七日町の中心商店街にある老舗《しにせ》百貨店「大沼」は一月二七日、山形地方裁判所に破産を申し立て、即日破産手続き開始決定を受けた。前日の二六日、営業が終了した午後七時過ぎに従業員約一〇〇人が集められ、代表取締役の長沢光洋からこの日限りでの事業停止と全従業員の解雇が告げられた。

閉店となる百貨店の最終営業日は、シャッターを閉じる際に店長ら従業員が勢揃いしてお辞儀し、名残を惜しむ常連客に謝意を伝えるセレモニーが行われることが多い。だが、大沼は会社の清算を前提とする破産処理となるため、営業のためにシャッターを再び開けることはない。二七日朝、店舗のシャッターなどに事業停止と破産申請の告知文が張り出されただけのさみしい最後だった。

二七日に記者会見した代表取締役の長沢は、「本当に申し訳ない」と謝罪の言葉を繰り返し、何度も涙をぬぐった。記者から客への言葉を問われると、「これまで大沼を支えてくれた取引先や業者、大沼を愛し、応援してくれた地域のみなさんへの重大な裏切りだと思う」と述べ、うなだれた。

◇

大沼の破産により、日本百貨店協会に加盟する店舗がゼロとなる「百貨店空白県」が初めて誕生した。「百貨店空白県」は、二〇年八月末にそごう徳島店（徳島市）が閉店する徳島県が最初になると目されていたが、突然の大沼破綻劇によりその座を山形県に譲った。

百貨店の閉鎖が加速している。一九年中に一一店舗が閉店し、統計で比較可能な一九六五年以降で、そごうが経営破綻した翌年の二〇〇一年と並び最も多くなった。人口減少や、大型商業施設との競争激化の影響が深刻な地方都市で、地元資本や独立系百貨店の苦境が鮮明となっている。東京商工リサーチによると、一八年の主要百貨店七八社の売上高は前年比〇・一％減とほぼ横ばいだった。しかし、大手や電鉄系を除く三五社でみると八割にあたる二七社が減収、一三社が赤字だった。

◇

大沼は、百貨店として、一六一一年（慶長一六年）創業の松坂屋、一六七三年（延宝元年）創業の三越に次いで古い歴史を持つ老舗だ。ルーツは、徳川綱吉が五代将軍だった一七〇〇年（元禄一三年）、大沼八右衛門が山形の七日町で創業した荒物屋にまで遡る。高度成長期、大沼で買い物をし、バラ模様の紙袋を手に山形市の中心部を歩くのは、市民や県民にとっては一つのトレンドだった。ピーク時の一九九三年二月期には一九六億円の売上高を計上した。

だが、バブル崩壊や人口減、車社会の進展で、中心市街地の空洞化が進んだ。二〇一九年二月期は半分以下の約七四億円にまで落ち込み、赤字が続いた。同年一〇月の消費税率の一〇％への引き上げも影響し、「一〇月以降は前年同月比で売上高の二〇～三〇％が続いていた」（関係者）という。

同じ山形市では、二〇〇〇年に山形松坂屋、一八年に十字屋山形店が相次ぎ閉店。百貨店大沼と同じ「大沼」を冠し、一キロメートルほどの距離にあった同県を代表する名門ホテル「オーヌマホテル」も二〇〇八年で閉鎖された。一九六六年に百貨店大沼の関連会社としてスタートしたが、ビジネス客の落ち込みに加え、観光客やスキー客といったレジャー需要の減少が影響した。山形県で名門の代名詞でもあった「大沼」の消滅は、地方経済の衰退を象徴する。

2 迫る大廃業時代

安倍晋三内閣の経済政策「アベノミクス」が掲げる地方創生の主役、中小企業が、人手不足や後継者難といった重い課題に直面している。中小企業、その利益を代表する商工会議所や商工会、地方経済界はどう乗り切るのか。

企業経営者は、事業で稼ぎ、株式を発行して資本金を積み増し、成長を目指す。そんな「常識」を覆す動きが二〇一九年、全国各地で相次いだ。

高知県を中心に四国地方に二五店舗を出店するスーパー「サニーマート」は五月、九八〇〇万円の資本金を五〇〇〇万円に減資し、自ら「中小」となる道を選んだ。売上高四〇〇億円超、従業員二〇〇〇人を超えるが、中小企業基本法は、資本金五〇〇〇万円以下の小売業者を中小に分類する。

帝国データバンクの集計では一九年一～七月、減資した小売業は四一二社に上り、前年同期の二五二社から大きく膨らんだ。狙いの一つは、消費増税に伴い政府が一九年一〇月に導入する中小の小売店などが対象のポイント還元制度。同社東京支社情報部長の赤間裕弥は説明する。「中小に

"降格"してでも集客効果が高いポイント還元の恩恵を得るためだ」。キャッシュレスで決済した買い物客に、購入価格の最大五%分を還元する。二〇年六月まで九か月間の時限措置だが、小売店は集客効果が期待できる。相次ぐ減資は、大企業という「名」を捨て、実を取る動きというわけだ。

想定外の策に、経済産業相の世耕弘成は「意図的に減資して、制度終了後に増資した場合、遡って対象外とする」と憤った。それでも減資で「中小」に転じた企業の幹部は悪びれない。「ポイント還元だけじゃない。多くの補助金制度があり、中小になるメリットは大きい」

中小企業と商工会議所、商工会の構図

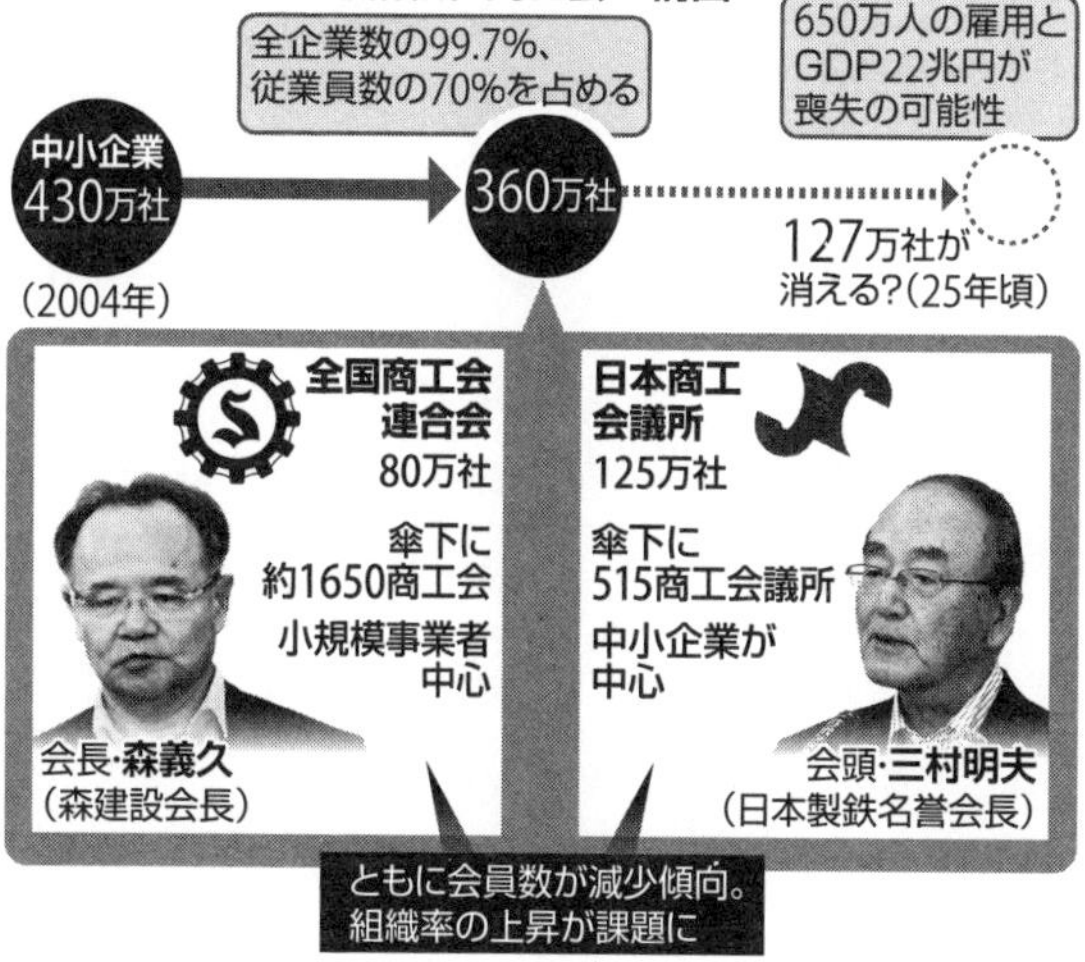

◇

中小企業政策に詳しい明治大学経営学研究科長の岡田浩一は、日本の中小企業政策を「世界で最も手厚い」と評する。ポイント還元約二八〇〇億円に加えて、産学官連携の研究開発支援、資金繰り支援――。一九年度の当初予算に計上された関連費は計四五〇〇億円規模に上る。

手厚さの理由は、高度経済成長期の一九六三年に制定された中小企業基本法にある。中小を経済社会における弱者と位置づけ、政策目標に大企業との生産性などの格差是正を掲げた。欧米が自由競争に重点を置いてきたのとは対照的な経緯がある。

その実務を担うのは、商工会議所と商工会。法律に基づき設置され、その数は全国で合わせて約二二〇〇に上る。企業は、主に両団体を窓口に、補助金申請などを届け出る。両団体は経営指導なども行う。各地の商工会議所を束ねる日本商工会議所（日商）会頭の三村明夫は強調する。「商工会議所の使命は、地域の経営者に寄り添いながら変化の波を新たな成長へとつなげる動きを後押しすることだ」

だが――。そんな手厚い支援をもってしても、中小企業全体の数は一九九〇年代以降、減少が止まらない。「三一七万社」。二〇一七年一〇月、経産省は廃業予備軍の規模を明らかにした。国内の中小約三六〇万社の三分の一が、二五年頃までに後継者が見つからなければ廃業を迫られるとする衝撃の試算だった。経営者に最も多い年齢は六九歳と、一九九五年の四七歳から高齢化した。地域経済の担い手が消える大廃業時代は足元に迫る。

◇

苦境は、中小企業政策の実務部隊にも広がる。二〇一九年三月、京都府の長岡京市商工会による事実上の会員数水増しが発覚した。退会の意思を示した企業も会員と見なしたまま、行政に報告を続けた。目的は、会員数が地区内の商工業者の五〇％以上の場合に府が支給する補助金。不正は商工会が発足した翌年の二〇〇〇年度から始まり、不適切に得た補助金は総額で約七七〇〇万円に上る疑いがある。補助金の不正受給は一七年にも高知県内にある四つの商工会議所と商工会で発覚した。

東北地方のある商工会議所会頭は打ち明ける。「どこも会員数が減っている。事業者も人口も減って、じり貧だ。厳しいよ」。商工会や商工会議所は、会員から集める会費や会員数に応じた自治体からの補助金が主な収入源。会員数の減少は収入の水準に直結する。

◇

「平成の徳政令」終了が追い打ちをかける。リーマン・ショック翌年の二〇〇九年一一月、金融相の亀井静香が主導して成立させた「中小企業金融円滑化法（通称モラトリアム法）」。金融機関に対し、経営状態が悪い中小への貸し出しの返済を猶予する努力義務を課した。

東日本大震災などを理由に一三年三月末まで二度にわたって期限を延長した。融資金額は総計一一四兆円超に達する。亀井は言う。「五〇万～六〇万社の中小・零細企業は救えたな」

期限が切れた後も、「徳政令」は一九年春まで、実質的に存続してきた。金融庁が一九年三月末分までは、融資先に対する猶予状況の報告を金融機関側に求めたため、金融庁に目をつけられたくない金融機関は猶予を続けたのだ。

一九年七月の企業倒産は、八〇二件と二年二か月ぶりの高水準だった。うち負債総額一億円未満が七八％を占め、とりわけ小規模事業者の破綻が目立つ。東京商工リサーチの原田三寛は分析する。「金融機関の融資への対応は厳しくなりつつある。今後倒産件数はさらに増える可能性がある」

モラトリアム（猶予）が切れた企業をどう支えるか。補助金頼みの中小企業政策は岐路を迎えている。

Q&A

Q　中小企業とは？

A　法律によって定義が異なる。経済産業省が所管する中小企業基本法では、主要な業種ごとに資本金額や従業員数による中小企業の範囲を示している。

たとえば、製造業や建設業、運輸業などでは「資本金または出資の総額が三億円以下、従業員三〇〇人以下」のいずれかを満たすと中小企業に該当する。サービス業や小売業は生産設備などにかかる資金が少なくてすむため、基準はより低くなる。中小企業のうち、製造業で従業員二〇人以下（小売業は五人以下）の企業は、一般的には零細事業者と呼ばれる小規模企業にさらに細かく分類される。中小企業の範囲に当てはまらない企業は、大企業や中堅企業などに当たると解釈される。

一方、財務省が所管する法人税法では、「資本金一億円以下」の企業が「中小法人」と見なされる。

Q　日本の中小企業の数は？

A　中小企業基本法の定義に従うと三五八万社（二〇一六年時点）で、企業全体の九九・七％を占める。従業員数も三二二〇万人で、約七〇％に上る。企業活動で生み出された付加価値額（一五年）は一三五兆円で、大企業の一二〇兆円を上回った。

同法で中小企業に該当した場合、業務のデジタル化にかかる費用の補助金など、国の各種支援策を利用できる。法人税法の中小法人では、年間所得の八〇〇万円以下の部分にかかる法人税が軽減されるなどの優遇策がある。

Q　中小企業の団体は？

A　主な全国組織としては日本商工会議所、全国商工会連合会と、商店街組合など中小企業で作る組合を支援する全国中小企業団体中央会があり、中小企業三団体と呼ばれる。

日商には全国五一五の地方商工会議所が会員として加盟し、傘下の企業数は一二五万社に上る。商工会議所は大都市や市部の自治体単位で設置されることが多い。経団連、経済同友会とともに「経済三団体」の一つにも数えられる。

全国商工会連合会の傘下の商工会は、町村部など人口規模の大きくない自治体を中心に全国約一六五〇か所に設置されている。商工会議所に比べて会員は小規模事業者がより多くを占める。

3　黒字でも後継ぎなし

東京都大田区の町工場が大企業に技術力で対抗する姿を描いたTBS系ドラマ「下町ロケット」。主演の阿部寛が社長を務める佃《つくだ》製作所のロケ地となった「桂川精螺《せいら》製作所」も、生き残りにもがく。

精密なネジを意味する「精螺」を、主に自動車部品用に製造する。二〇一八年、ドラマに登場した大田区にある本社工場を取り壊し、人件費の安い静岡県内にある工場を増強して生産能力の多くを移した。

自動車産業を縁の下で支えるネジ業界は元々、利益率一～二％という薄利商売だ。グローバル競争の激化で大手からのコスト削減の圧力は一段と強まる。バブル期に六〇億円あった売上高が約二五億円に縮小し、六〇〇人いた従業員は約一五〇人に減った。一九九〇年代のバブル崩壊や二〇〇八年のリーマン・ショックは技術力で乗り切ってきたが、それにも限界がある。取締役の大嶌達士郎は、「業績は決して良くない。やれることをやるしかない」と話す。

生産能力の移転に加え、数年前には太陽光発電事業を始め、今後は不動産事業にも注力する計画だ。こうした生き残り策を加速させたのは、急逝した先代社長の後を長男で現社長、石井昌景が継いだことがきっかけだった。

◇

世代交代やデジタル化を進め、生産性を上げる。桂川精螺だけでなく、どこの中小企業にも求められる動きだが、その足かせとなっているのが後継者難だ。少子化で身内の後継ぎが減り、事業の将来性への不安から、高齢の経営者は後を継がせることを躊躇《ちゅうちょ》する。

一四～一六年に中小事業者は二三万減り、休廃業を選んだ企業の半数は黒字決算だった。休廃業した経営者の年齢は六〇代以上が八割を占める。関東地方の商工会議所では、三年に一回、「幽霊会員」を訪ね歩く。会員のうち電話連絡がつかなかったり、会費が未納のままとなったりしている企業の経営者を訪問して所在を確認する。所在地が更地になっていたり、近所の人にも行方知れずになっていたり――。「中小企業がどんどん溶けてなくなっていくようだ」。商工会議所幹部はうめく。

中小企業庁などによると、二五年頃までに七〇歳を超える経営者は二四五万人に達し、その半数は後継者がいない。何ら手を打たなければ、六五〇万人の雇用と国内総生産（GDP）二二兆円が失われると試算する。廃業が広がれば、中小企業が部品を供給し、大企業が製品を組み立てるという製造業の分業体制も、維持することが難しくなる。

◇

危機感を募らせた政府が動く。

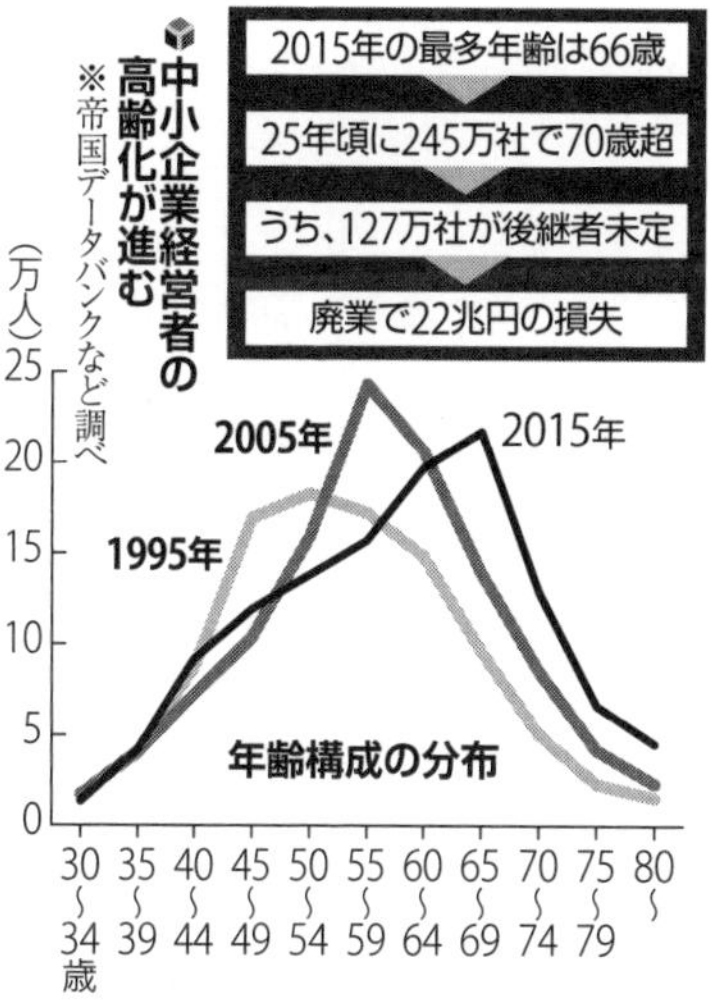

中小企業経営者の高齢化が進む
※帝国データバンクなど調べ

事業承継は親族以外が主流に
（経済産業省やオリックスの資料をもとに作成）

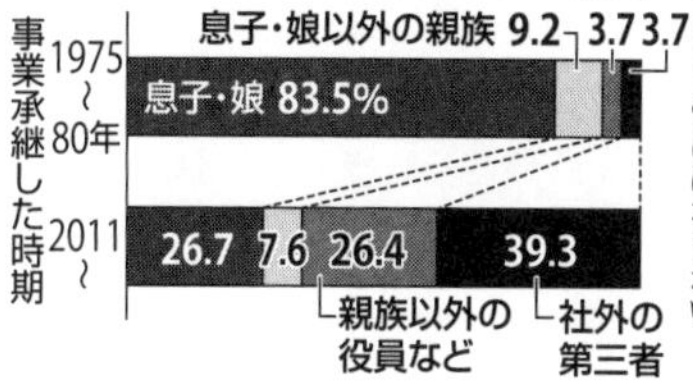

四捨五入の関係で合計は必ずしも100%にはならない

「事業承継時の相続税や贈与税をゼロにする異次元の措置を講じました」。首相の安倍晋三は一九年五月、全国商工会連合会通常総会のパーティーでこう強調した。安倍内閣は、一四年に小規模企業振興基本法を制定したのを始め、事業承継の促進策を相次いで打ち出し、ここ一〇年程度を「事業承継支援策の集中実施期間」と位置づける。

実は、事業承継の支援策は、商工会議所などが半世紀以上前から政府に要望していた。経済産業省幹部の一人は、「これまで中小企業政策は、資金繰り支援や補助金ばかりで、いかに企業を存続させるか、経営者が事業を引き継ぎやすくするかという視点が欠けていた」と振り返る。

金融機関もメガバンクから地方銀行まで、地方における大きな商機とみて力を入れ始めた。政府は地銀による企業への出資規制を緩和し、後継者探しの間、地銀が事業の継続を支えることも検討している。

◇

政府の対応をよそに、承継問題を抱える中小企業を、虎視眈々《たんたん》と狙うのが中国勢だ。彼らにとって、高い技術力を持ちながら廃業寸前の中小企業は宝の山にも映る。

名古屋市のコンサルティング会社「名南M&A」のアドバイザー・黄穎俊《こうえいしゅん》の元には、年間二〇件ほど、東海地方に集積するメーカーの買収を目指す中国企業からの相談が相次ぐ。電気自動車（EV）用バッテリーなどの先端技術や、工作機械といった業種や社名に興味を示すケースが目立つ。

五年ほど前まで相談件数はゼロだった。買われる側の日本企業も中国資本への抵抗感が和らいでいるという。「巨大な中国市場への足場が魅力となっているためだ」（黄）。M&A助言会社「レコフ」によると、中国企業による日本の未上場企業の買収は一八年に二五件と過去最多になった。

廃業か、存続か、外資による買収か——。中小企業のありようが大きく変わろうとしている。

Q&A

Q　事業承継とは？

A　一般的には、非上場や同族会社のオーナー経営者が事業を後継者に引き継ぐことを指す。主なやり方として、①親族が継承、②（親族以外の）従業員が継承、③M&A（企業の合併・買収）を活用――の三つがある。後継者育成などの準備期間を含めて、事業承継には五～一〇年を要するとされる。

Q　政府の取り組みは？

A　政府は、株式などを親から子などへ引き継ぐ際の相続税、贈与税の猶予や免除のほか、M&Aによる事業承継では、不動産の権利移転にかかる税金を軽減している。金融機関が企業に融資する際の指針見直しにも着手し、先代と後継者の双方が金融機関から個人保証を求められるいわゆる「二重取り」が年間一万件に上るとして、これも原則禁止とする方針だ。

二〇一一年度から、各都道府県に事業引き継ぎ支援センターを開設し、中小企業基盤整備機構が運営を担う。一八年度の経営者らの相談件数は前年度比三四・六％増の一万一四七七件、事業を引き継いだ件数も同三四・四％増の九二三件となった。

4　最低賃金引き上げ　中小企業に負担

神奈川県西部にある機械メーカー社長は最近、従業員五〇人の一部を減らす策を練っている。理由は一つ。賃金の下限を定める同県の最低賃金（時間額）が二〇一九年一〇月から一〇一一円と初の四ケタ水準になるからだ。「人件費が増えれば、社会保障費負担も膨らむ。これ以上賄えないよ」

一九年、国が示す最低賃金の目安をめぐり、政府と日本商工会議所（日商）など中小企業三団体の対立が鮮明となった。五月一四日、政府の経済財政諮問会議。サントリーホールディングス社長の新浪剛史が口火を切った。「早期に（全国平均）一〇〇〇円を目指すべきだ。インパクトを持たせるために五％程度の引き上げを目指す必要がある」。これに官房長官の菅義偉が同調した。「私が言いたいことは全部、新浪議員が言ってくれた」

政府は年率三％程度の引き上げを目標に掲げ、一八年度まで三年連続で目標を達成してきた。狙いは、地方の所得水準を引き上げ、安倍内閣の経済政策「アベノミクス」の勢いを加速させること。夏の参院選もにらんでいた。

引き上げは働き手には朗報だが、中小企業には重い負担としてのしかかる。「最低賃金の全国平均が一〇〇〇円になったら、労働者一人あたり年三〇万円近くの負担増になる。中小企業に重大な影響がある」（日商会頭の三村明夫）

日商は一九年五月末、全国商工会連合会（全国連）、全国中小企業団体中央会との三団体連名で見直しを求める意見書を公表し、三村自ら、それを手に永田町の国会議員会館を行脚した。六月二一日に閣議決定された「経済財政運営と改革の基本方針（骨太の方針）」では、前年には盛り込まれた「三％程度をめど」との文言が消え、三団体の意向が反映されたかにみえた。

それから一か月後の七月三一日。厚生労働省の中央最低賃金審議会は、一九年度の最低賃金の引き上げ率の目安を平均三・〇九％とする答申をまとめた。突然のちゃぶ台返し。中小三団体は政治的敗北を喫した。「（政府の）予定通りだったんじゃないか」。三村は悔しさを隠しきれなかった。

◇

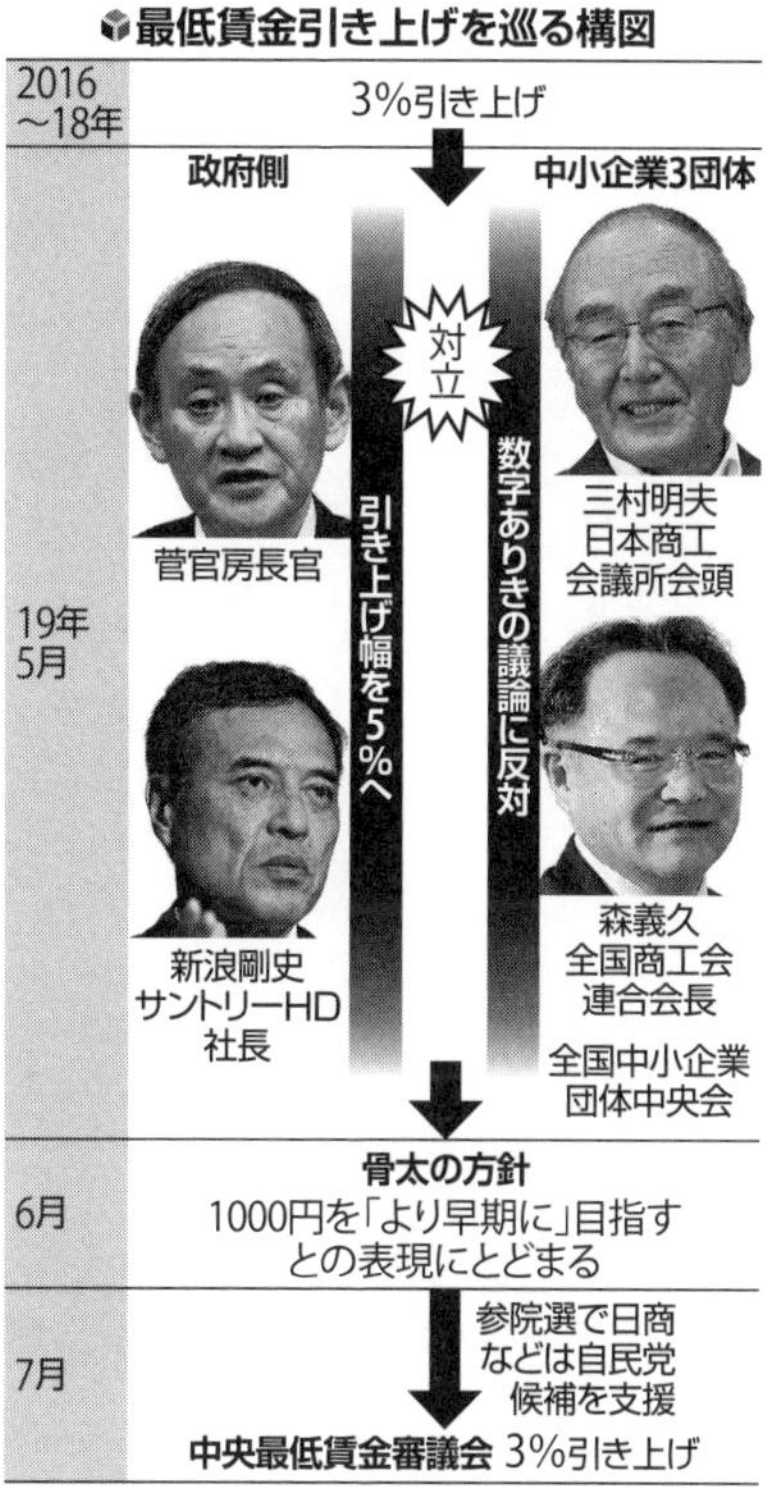

中小企業が最低賃金の見直しに期待したのは、三団体の働きかけに加え、参院選での勝利があった。審議会答申の一〇日前にあたる七月二一日のことだ。商工会幹部らで組織する政治団体「全国商工政治連盟」の組織内候補、自民党の宮本周司が比例選で約二〇万票を得て再選した。六年前の初当選から約二万票を上積みし、比例選での順位も特定枠を除き九位と四つ上げた。

石川県能美市で社員三人の造り酒屋を営む宮本は、全国連の青年部会長など要職を歴任した。選挙戦は商工会関係者らが実動部隊となり、全国を回って投票を呼びかけた。八〇万社に上る商工会会員の八割超は従業員五人以下の小規模事業者だ。全国連会長の森義久は振り返る。「全国連の組織をかけた闘いだった」

日商幹部らで作る政治団体、「日本商工連盟」が異例とも言える推薦に踏み切ったことも高位の再選につながった。日本商工連盟は比例選での推薦や支援を控えるのが通例。だが、前回参院選で組織内候補が落選したことに危機感を強めた森が、日商首脳に直談判した。「政治は大事なんです。ぜひご支援を」。森は宮本が初当選して以降、小規模企業振興基本法など中小企業を支える法律が制定され、政治の力を実感していた。

全国連が五月末に開いた総会の懇親パーティー。首相の安倍晋三は参院選に言及し、語気を強めた。「強い経済のためには何が大切か。政治の安定のために何が大切か。もう皆さんよくおわかりでしょう」。会場にいる森ら商工会幹部約一三〇人に、参院選での奮起を促した。合わせて安倍が表明したのが、中小企業の事業承継時、後継者へ企業債務の個人保証を求めない仕組みの導入。長年、中小企業が強く実現を求めていた。

現職の首相が少人数で開かれる同総会や関連イベントに出席したのは、一九八九年、商工会出身の宇野宗佑以来。今回は「会の数日前、官邸側から出席の打診があった」（幹部）という。

◇

結局、アベノミクスの一丁目一番地である最低賃金引き上げを阻止することが出来なかったことで、中小三団体関係者から、「政治への関与を一段と強めるべきだ」との声が上がる。

今回の参院選で全国郵便局長会が支援した柘植芳文の得票は約六〇万、全国建設業協会が推した佐藤信秋が約二三万。選挙でその政治力を示す業界団体に集票力でも追いついてきた。商工会幹部が言う。「農協（農業協同組合）や郵便局の勢いには陰りが見える。民主党政権時代も一貫して自民党を支持した我々の存在感はさらに高められる」

八月九日夕、東京・霞が関の経済産業省で開かれた産業構造審議会総会。日商会頭の三村は夏休みで静養中だった軽井沢の別荘から駆けつけ、熱弁を振るった。「骨太の方針には、最低賃金引き上げに際して中小企業の生産性向上への支援を講じると記載している。ぜひ早急に具現化させることを望む」。

早くも次の駆け引きが始まった。

Q&A

Q　中小企業と政治の関わりは？

A　日本商工会議所（日商）や全国商工会連合会（全国連）は、特定の政党のための活動が禁止されている。中小企業の声を政治に反映させるため、経営者らが個人の資格で参加する政治団体を作っている。
このうち、日商会頭の三村明夫が会長を務めているのが日本商工連盟だ。一九八二年に設立され、各地の商工会議所の役員ら会員数は約一万二〇〇〇人いる。全国連が中心となって一九七三年に結成したのが、全国商工政治連盟で、全国連会長の森義久が常任顧問を務めている。

Q　具体的にはどういう活動をしているのか？

A　両者はいずれも自民党と密接な関係を保つ。政治家の資金管理団体や政党支部に寄付するなどして資金面で支援している。選挙になると、陣営のビラを配ったり、遊説の動員に応じたりして、候補者の活動を人的な面からも支える。

5　商工会議所・商工会　再編遅れ

商工会法が制定された一九六〇年以前から活動していたとして、「商工会発祥の地」を自負する新潟県。政府が九九年から一〇年にわたり主導した「平成の大合併」を経て、県内の市町村数は三〇と、三分の一以下に減ったが、商工会の数は一〇三、商工会議所も含めれば市町村数の四倍近い一一九に上る。

中小企業の支援を担う商工会議所と商工会。ともに設置の根拠となる法律は、商工会議所は市、商工会は町村に設置されることと定め、「一市町村一商工団体」を原則としてきた。

二〇〇四年までに商工会議所、商工会それぞれの再編を後押しする法改正が行われた。きっかけは「大合併」。自治体の数が一九九九年の三二三二市町村から現在は四七％少ない一七一八となった。

だが、新潟県の商工会内部では「統合すれば県内の商工会全体が得られる補助金が減る」との意見が大勢で、再編を進めなかった。新潟県商工会連合会は採用サイトでこう掲げる。「市町村合併後も統廃合することなく存続し、より地域に密着したサービスを実現している」

◇

商工会全体の数は九九年度の二八〇六から二〇一九年四月時点で約四〇%減の一六五二となったものの、商工会議所は「大合併」前の五二一から現在は五一五と、ほとんど減っていない。さらに、商工会が商工会議所と併存している自治体は全国約二五〇に上る。

新潟県の商工会と商工会議所数

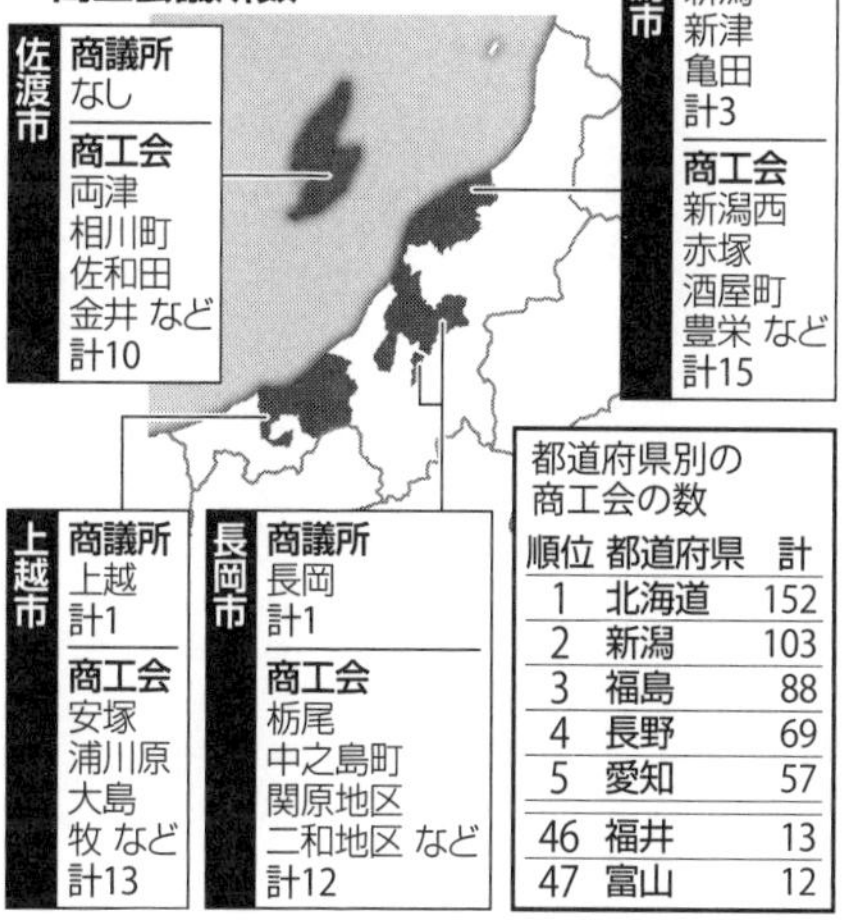

都道府県別の商工会の数

順位	都道府県	計
1	北海道	152
2	新潟	103
3	福島	88
4	長野	69
5	愛知	57
46	福井	13
47	富山	12

その一つが二〇一一年に旧鳩ヶ谷市と合併した埼玉県川口市。川口商工会議所と鳩ヶ谷商工会が併存し、鳩ヶ谷地域の事業者は川口商工会議所を通した経営支援の一部を受けられない事態に陥っている。川口商工会議所会頭の児玉洋介は一八年七月、日本商工会議所の政策懇談会で会頭の三村明夫に訴えた。「同じ川口市内にある商工業者にもかかわらず、拠点地域によってサービスに格差が生じている」

現行法では商工会議所と商工会が合併することはできない。どちらかが解散して吸収されるしか手段がなく、特に規模の面で劣る商工会の抵抗が強い。

商工会や商工会議所のトップは、地方経済界の名士だ。「再編・合併が進めばその分、ポストの数が減る。順番が近づいた有力経営者ほど猛烈に反対する」（経済産業省幹部）。商工会議所の専務理事には県や市幹部が就任することが多い。役人の天下り先となっていることも再編の足かせとの見方もある。西日本の県庁職員から地元商工会議所に天下った専務理事は言う。「補助金を出す側、受ける側、両方を知る事務方トップの方が組織運営はしやすい」

◇

再編が求められている背景には、「大合併」に加え、会員数の減少がある。中小企業の数は、一九九九年の約四八〇万から二〇一六年に約三六〇万と約二五％減った。会員数が減れば、商工団体の主たる収入である会員の会費や、会員数などに応じて給付される自治体からの補助金も先細る。再編で組織運営の効率化や財務基盤の強化を図る必要に迫られている。

商工会議所の収入源として存在感を高めているのが、アクサ生命保険から得る手数料収入だ。フランスの保険大手ＡＸＡ（アクサ）グループの日本法人が二〇〇〇年、商工会議所向け共済保険を主力とする「日本団体生命保険」を吸収して傘下に入れたことがきっかけとなった。

長野商工会議所会頭の北村正博は、アクサの「営業マン」を自任する。商工会議所の会員企業を自ら訪問し、電話をかけて共済保険への加入を呼びかける。一八年度は長野商工会議所の収入の二割弱を占めた。北村は「会費、行政からの補助金、アクサの手数料が収入の三本柱だ」と話す。

全国の五一五商工会議所のうち、九九％にあたる五一一がアクサと保険販売で提携する。アクサの営業所や支社の八割は商工会議所ビルに入居し、家賃面でも商工会議所運営を支える。全国の商工会議所会員が支払う保険料は約二〇〇〇億円（一七年）、アクサの保険料収入全体の三分の一を占め、商工会議所がアクサから受け取る手数料は数十億円単位に上る。会員企業や社員に対する福利厚生という位置づけだが、会費収入や補助金が減るなかでアクサ依存が強まれば、商工会議所本来の運営のあり方から逸脱するとの指摘もある。

◇

会員数減は中小企業の減少だけが理由ではない。組織率は商工会議所が三三・六％、商工会五七・二％で低下傾向にあり、入会の意義を見いだせない企業が増えている。関東地方の商工会議所は、職員が管内の商工事業者を手分けして訪問し、入会を勧誘するが、会員はここ一〇年で三割弱減少した。関係者は「経営指導員が、多様化する経営課題に対応出来ていない」と見る。団体によって、提供する支援内容やサービスの質にばらつきがあるとの声も多い。

曲がり角を迎えている商工会議所と商工会。全国の商工会議所をとりまとめる日商会頭の三村は、一九年の秋から異例の三期目を託された。中小企業のニーズをきちんと代弁し、政策面で支援を図る体制をどう作るのか。今後の三年が問われる。

Q＆A

Q　商工会議所と商工会の違いは？

A　それぞれ商工業の振興を目的に、中小事業者への経営指導や相談を行う。国や自治体の補助金申請の窓口も担うほか、商工業に関する政策提言も事業の一つとしている。誕生までの成り立ちや設置の根拠となる法律が異なるが、事業が似通っているため、両者の関係は「異母兄弟」（商工会関係者）とも表現される。

Q　統合した例は？

A　中小企業庁によると、一九八九年以降、両者の統合は約四〇件あった。法律上、合併は出来ないため、商工会が解散し、会員だった事業者が商工会議所に新たに加盟する事実上の合併がほとんどだったとみられる。商工会の解散で町村部に目が行き届きにくくなるといった懸念から、両者は統合を否定する共同見解を出している。

6　半減した企業城下町

地方経済の主役、中小企業とは異なる形で大企業が支える町がある。企業城下町――。中心に位置する企業の存在感をお城に例えた。

二〇一九年七月二五日の都市対抗野球大会決勝戦は、三年ぶりに企業城下町がある自治体を本拠とするチーム同士の頂上決戦となった。ＪＦＥ東日本（千葉市）がトヨタ自動車（愛知県豊田市）を六―四で破り、本戦出場二三度目の名門が悲願の初優勝を果たした。

九〇回目を迎えた都市対抗。参加チームの変遷は、製造業を主とする企業城下町の盛衰を映し出す。日本野球連盟によると、高度成長期の一九六三年には本社や工場の立地都市などで活動する企業チーム数は二三七。バブル崩壊やリーマン・ショックを経て、二〇一一年には八三まで減り、景気拡大でやや盛り返した現在でも九六（一九年五月時点）にとどまる。三菱重工業の造船所がある長崎市、TDKの主力工場があった長野県佐久市――。都市対抗に出場経験がある城下町だったが、グローバル化や人口減を背景にした内需の縮小で、企業が工場の規模縮小や撤退を進め、都市対抗からも退いた。

◇

企業城下町に詳しい下関市立大学准教授の外枦保《そとへぼ》大介の調査によると、企業城下町の数は一九六〇年の一〇一都市から二〇〇一年は四六都市に半減した。「二〇〇八年のリーマン・ショックを経てさらに減った」と外枦保は見る。

企業城下町は、多くの住民が、中心となる企業やその下請けで働き、企業の業績がその町の税収や住民の生活を大きく左右する。大企業の安定を享受出来る一方、一つの企業に寄りかかるもろさがある。最近でも、一九年三月にJXTGエネルギーが室蘭製造所（北海道）を閉め、二〇年に日野自動車が本社に隣接する日野工場（東京都）を、二一年度をめどにホンダが狭山工場（埼玉県）を閉める方針を示した。城下町の消滅は止まらない。

「パジェロの町」も揺れる城下町の一つ。岐阜県坂祝《さかほぎ》町は難読の町名よりも三菱自動車の代表車種の名で呼ばれる。人口約八〇〇〇人の小さな町の中心部には、三菱自動車の子会社「パジェロ製造」が本社と工場を構え、これまでパジェロは国内向けで延べ六四万台を出荷した。町のウェブサイトに掲載する「特産物」には、トマトや日本瓦とパジェロが並ぶ。だが、販売不振を理由に一九

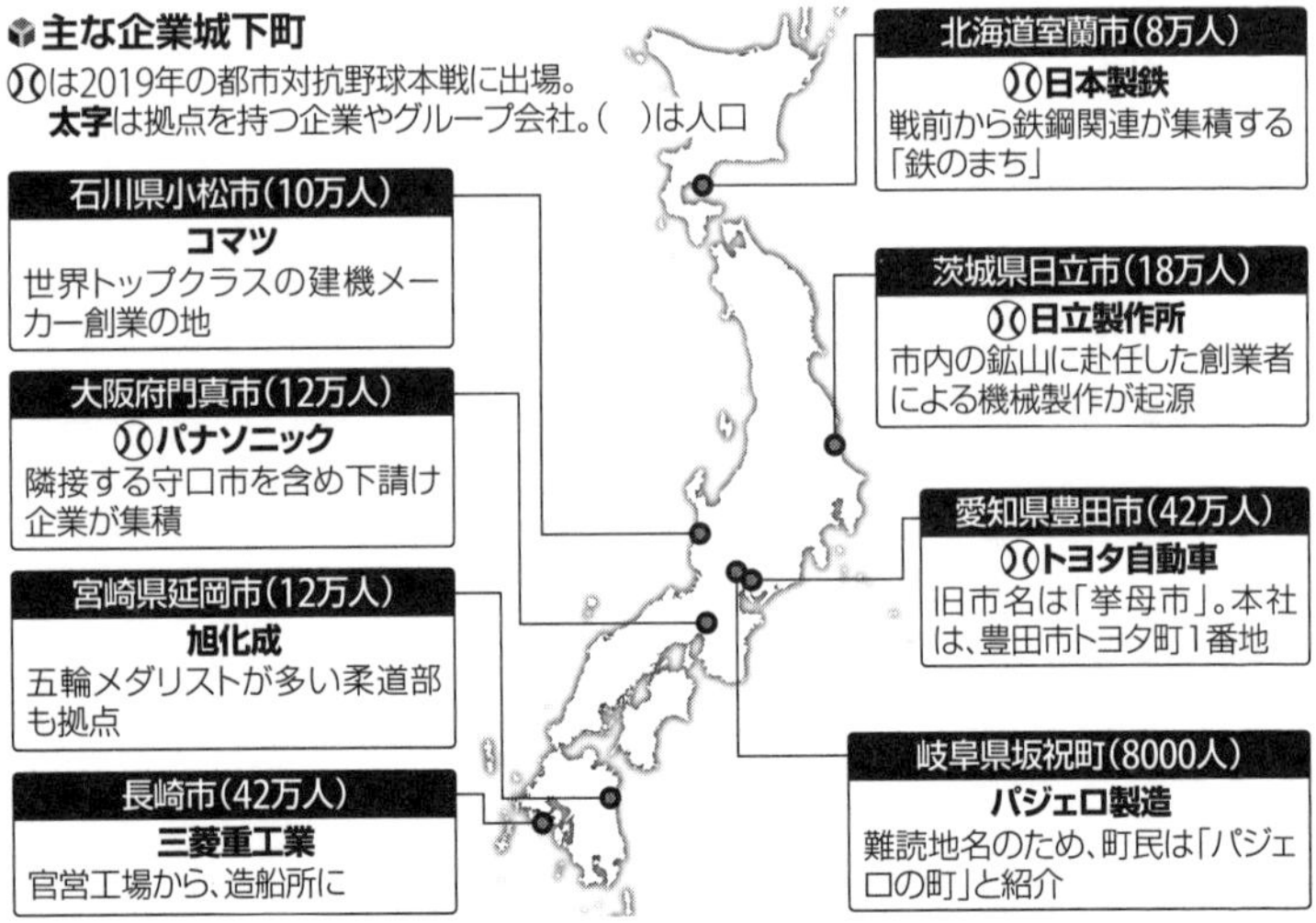
主な企業城下町
は2019年の都市対抗野球本戦に出場。
太字は拠点を持つ企業やグループ会社。(　)は人口
北海道室蘭市(8万人)
日本製鉄
戦前から鉄鋼関連が集積する「鉄のまち」
茨城県日立市(18万人)
日立製作所
市内の鉱山に赴任した創業者による機械製作が起源
愛知県豊田市(42万人)
トヨタ自動車
旧市名は「挙母市」。本社は、豊田市トヨタ町1番地
岐阜県坂祝町(8000人)
パジェロ製造
難読地名のため、町民は「パジェロの町」と紹介
石川県小松市(10万人)
コマツ
世界トップクラスの建機メーカー創業の地
大阪府門真市(12万人)
パナソニック
隣接する守口市を含め下請け企業が集積
宮崎県延岡市(12万人)
旭化成
五輪メダリストが多い柔道部も拠点
長崎市(42万人)
三菱重工業
官営工場から、造船所に

年八月いっぱいで「特産物」の国内向け生産は終了し、今後は海外向けと他の車種の比重を高めることになった。

一八年度の町税収約一一億円の一六%をパジェロ関連が占め、法人税に限ると三四%となる。約三〇年間勤めたパジェロ製造から城下町の町長に転じ、一九年四月まで三期一二年を務めた南山宗之は、古巣からの税収を頼りに城下町行政をつかさどった。老朽化した道路の補修、様々な公共工事――。選挙の際も会社関係者や労組の支援を受けたという。南山は言う。「企業が発展して地域が潤う。小さな町が生き残れたのはパジェロ製造があってこそ。その構図は今後も変わらない」

パジェロ製造は、生産台数を当面維持する方針を示した。ただ先行きは読めない。二〇〇四年、リコール隠し問題をきっかけに経営が悪化した三菱自動車は、パジェロ製造の閉鎖を柱とした再建計画をいったんまとめ、町に衝撃が走った。「リコール問題、燃費不正、日産自動車の傘下入り――。三菱自動車が傾くたびに〝パジェロの町〟は大丈夫かと心配になる。今後も存続できるよう祈るばかりだ」。町内で自動車整備工場を経営する男性は憂える。

◇

一九年一二月、三菱重工業の企業城下町・長崎市に衝撃が走った。「城主」が長崎市内に構える二つの造船所の一つ、長崎造船所香焼《こうやぎ》工場を売却するとのニュースが一斉に報じられたからだ。一九七二年に完成した香焼工場は、国内最大級とされる長さ約一〇〇〇メートル、幅約一〇〇メートルの建造ドックを備える。一〇〇万トンクラスの超巨大船舶を建造できる能力の大きさから、「一〇〇万トンドック」とも呼ばれてきた。

主に液化天然ガス（LNG）の運搬船や石油タンカーの建造を手がけてきたが、LNG船に関しては二〇一五年を最後に新規の受注を得ることができなかった。一九年九月に三井物産に最後の一隻を引き渡して以降、価格の安い液化石油ガス（LPG）の運搬船や、橋などの建造物の製造でしのいできたが、事業を回復軌道に乗せるのが難しいと判断した。

背景には、中国や韓国の造船大手による再編・統合の動きがある。香焼工場の売却が表面化する前月、中国造船首位「中国船舶工業集団」と二位「中国船舶重工集団」の経営統合が発表された。単純合算すると世界シェアの二割を握る巨大造船会社が誕生する。韓国でも世界首位の「現代重工業」が同じく同国の「大宇造船海洋」との経営統合を視野に入れている。その結果、世界的に造船の生産能力が一段と過剰になり、三菱重工業など日本勢は激しい価格競争にさらされるのは確実な情勢だった。

長崎市内には「本工場」と呼ばれる長崎造船所があるものの、三菱の存在感が大きく低下することは避けられない。ピーク時の一九七〇年代半ばには長崎造船所を中心とする市内やその周辺に住む三菱三社の従業員数は二万一〇〇〇人に達した。下請け企業など関連する約一八〇社の従業員約一万一〇〇〇人を含めれば、市内の総世帯の四分の一は三菱関連の仕事に従事した。

香焼工場も、最盛期には三〇〇〇人超に上った従業員は、現在は二割にあたる六〇〇人前後まで減少した。長崎市長の田上富久は一二月二六日の記者会見で、「ずっと造船、水産、観光と言われてきた長崎の産業のなかで、どれもが構造転換しないといけない。新しい産業を生み出さなければならない」と声を絞り出した。

◇

大企業依存からの脱却を模索する動きもある。日本製鉄（旧、住友金属工業）の製鉄所を抱える和歌山市。典型的なシャッター街となった中心街「ぶらくり丁商店街」を再生させるまちづくりに取り組む。

高度成長期には有数の企業城下町の一つに数えられ、一九七〇年頃には従業員の家族を含めれば人口三六万人の三割近くを占めたとされる。その後、二度の石油ショックや、鋼材価格が下落し製鉄業が低迷する「鉄冷え」により、生産能力の縮小に伴う雇用減や機能移転の波が城下を襲った。都市対抗野球出場二一回、八二年には全国優勝した名門の社会人野球チームも、九九年度で休部した。

今、街に活気を取り戻すために行う年一回ほどのイベントには、約六〇〇〇人が詰めかけ、商店街をリビングルームに見立てて並べたソファに座ると、地元のクラフトビールが振る舞われる。周辺では空き店舗が割安で貸し出され、カフェやすし屋なども構えられた。イベントを主導したのは地元で設計事務所を営む小賀善樹。「企業城下町という意識はもはやない。自分たちの日常がまず豊かになり、街を作ることが必要だ」。二〇一八年には、国の地方再生モデル都市に選ばれ、遊休不動産を活用して大学を誘致するなど官民挙げて街の再構築を加速する。

外枦保が指摘する。「国内の製造拠点がどんどん減って、大企業の頭脳にあたる研究開発部門しか残らなくなれば、企業城下町という街の形はなくなる」。大企業が地方経済を先導する時代が終わろうとするなか、地方都市それぞれの知恵が問われている。

Q&A

Q　企業城下町とは？

A　厳密な定義はないが、立地する企業の工場や本社に、雇用や財政、住民の意識など幅広い面で依存した都市を指す。企業を主君に例えた表現で、経済学者の宮本憲一氏による造語とされる。企業都市とも呼ばれる。

鉄鋼や化学、造船など重化学工業の発展に伴い、高度成長期に多くが形成された。一九七八年制定の「特定不況地域中小企業対策臨時措置法」は、通称「企業城下町法」と呼ばれるなど、行政用語にも用いられる。

Q　どんな例があるか？

A　トヨタ自動車本社があり、五九年に愛知県挙母《ころも》市から名称変更した豊田市、日立製作所の工場などグループの拠点が集積する茨城県日立市が代表例だ。ほかにも、正式な住所として、川崎製鉄（現、ＪＦＥスチール）の工場がある千葉市や愛知県半田市には「川崎町」、群馬県太田市にはＳＵＢＡＲＵ（スバル）に由来した「スバル町」がある。セメント業が盛んな大分県津久見市には「セメント町」が実在する。潤沢な資金を使って地元での実業団スポーツや文化活動に加え、病院や学校の運営を行う企業もある。

第八章　英ＥＵ離脱、対韓経済外交

1　車・金融　進む「脱英国」

英国は二〇二〇年一月三一日、欧州連合（EU）を離脱した。一九年一〇月三一日だった期限を三か月延期した首相のボリス・ジョンソンが議会の解散に踏み切り、一九年一二月の総選挙で与党保守党を地滑り的な勝利に導いたのだ。経済・外交面で大きな混乱が予想される「合意なき離脱」をちらつかせて離脱反対派を牽制《けんせい》しつつ、国民が膠着《こうちゃく》状態の打破を望みだしたタイミングで民意を問うたジョンソンの作戦勝ちだった。

◇

二度の延期の結果、三度目の離脱の期限となっていた一九年一〇月末を前に、英国内の政治情勢は混迷を極めた。その一例が日産自動車サンダーランド工場。英国の北東部、北海に面する人口約二八万人の中規模都市名を冠する自動車生産の拠点だ。毎年四〇万台を超える自動車の多くが、ここから、約一三〇か国・地域の海外市場に届けられる。一九八六年に操業を開始して三〇年が過ぎ、町には「Ｈｏｍｅ　Ｔｏ　Ｎｉｓｓａｎ（日産のふるさと）」の看板が掲げられる。

その企業城下町で二〇一九年一〇月一〇日に開かれた新型車「ジューク」の生産開始のお披露目会。日産の専務執行役員で欧州担当のジャンルカ・デフィッシは気色ばみ、英国のEU離脱をめぐる協議の二転三転ぶりに憤った。「一〇％もの関税がかかれば、一〇％分の損失が膨らむのと同じ。自動車産業は成り立たない」

デフィッシの懸念は、何も取り決めのないまま英国がＥＵを去る「合意なき離脱」で、ＥＵによる関税が復活すれば、英国生産は利点がなくなるというものだった。

英国ではすでに、離脱を見据えた自動車・部品メーカーの工場閉鎖が相次ぎ決定されていた。ホンダは欧州唯一の自動車工場である英スウィンドン工場での生産を二一年中に終了する。販売低迷を理由に掲げるが、離脱問題が影響したとみられる。

約三万点の部品から製造される自動車産業では、多くの部品メーカーも英国に進出してきた。排ガスの浄化装置を製造するユタカ技研は、ホンダに合わせ生産終了する。電子部品のケーヒンも「機能を英国に備える必要性が消滅する」として、二一年末に英国子会社を解散する。ロイター通信は一九年六月、米フォード・モーターが、エンジン工場を二〇年に閉鎖する方針だと伝えた。工場移転の観測に、日産のデフィッシは言った。「操業を続けるのが前提だが、はっきりしたことは言えない」

英国民に離脱の賛否を問うた一六年の国民投票は、皮肉にも工場労働者が多い地域が「離脱」の決め手になった。サンダーランドでは六一・三％、トヨタ自動車のバーナストン工場がある地元では六〇・四％が「離脱」に票を投じた。増え続ける欧州からの移民の抑制や、ＥＵの枠組みから離れた貿易協定――。「離脱」を選べば、英国が主権を取り戻し、地元経済は復活するとの希望があった。だが実際には、町には先行き不透明感ばかりが広がった。「自動車工場は〝大きすぎてつぶせない〟と言う政治家を信じてしまった」。自身は「残留」を選んだサンダーランド市議会議員、グレアム・ミラーの弁だ。

世界屈指の金融街「シティー」もＥＵ離脱に身構えた（2019年10月21日、ロンドンで）

◇

ロンドン中心部にある世界屈指の金融街「シティー」でも、「脱・英国」が進んだ。ＥＵ離脱で、英国の金融機関は、すべてのＥＵ加盟国で営業できる「シングル・パスポート・ルール（単一免許制度）」の対象から外れる可能性が高いためだ。ＥＵ内で従来通り営業を継続するため、三井住友フィナンシャルグループや野村ホールディングスなど、日系を含む一〇〇以上の大手金融機関が拠点を独仏やアイルランドなどに設けた。一三年からシティーに駐在する大和総研のシニアエコノミスト、菅野泰夫はこう予想する。「移行措置が完了すれば、シティーから他国へ、大きく人が動くだろう」

帝国データバンクが一九年四月に公表した調査では、英国に進出している日本企業は一二九八社。国民投票が行われた三年前に比べ五・九％減少した。英国企業にも波及する。英ダイソンは同年一月、シンガポールに本社機能を移す方針だと明らかにした。

ジョンソンが一〇月にＥＵと合意した協定案も、英経済界の懸念をさらに高めた。案は、英本土がＥＵと同一の「関税同盟」から脱退することが柱となり、離脱後はそれぞれの国と自由貿易協定（ＦＴＡ）の策定を目指すものだ。英産業連盟は英ＥＵの合意を受けて表明した。「移行期間の一四か月で、ＥＵと新たな貿易協定を結ぶためにしっかり交渉出来るかは大いなる疑問だ」

英調査研究機関「オックスフォード・エコノミクス」が一〇月に公表したリポートでは、英国がEUに残留した場合と比べ、ジョンソン政権による離脱案は、国内総生産（GDP）にマイナス三・一％分の影響を与えると試算した。前任のメイ政権による離脱案はマイナス一・八％で、今回の離脱案は経済への打撃がより大きい。リポートは警告する。「英国企業は、より大きな貿易障壁に直面するだろう」

Q＆A

Q　ブレグジットとは何か？

A　英語の英国（Great Britain）と出口（Exit）をかけた造語だ。英国の欧州連合（EU）離脱を指す。二〇一六年六月、EU残留の是非を問う国民投票で離脱派が多数を占めたことで、英国は離脱へ向け動きだした。

Q　なぜ英国で離脱を求める声が強まったのか？

A　欧州では二度の世界大戦の反省から、独仏主導で政治・経済的な統合を目指してきた。一九七〇年代当時の英国は「欧州の病人」と呼ばれるほど経済が停滞していたため、欧州市場の活用を求めて欧州共同体（EC）に参画した。ただ、米国などとのつながりを重視する考えが根強く、離脱を問う国民投票はEC時代の七五年にもあり、残留派が勝っている。九九年に導入された単一通貨ユーロに対しても、「ドイツに経済を牛耳られる」といった反対論が根強く、EU加盟国でありながらポンドを手放さずにいる。

ＥＵに距離を置き続けたことがＥＵ内での発言力低下につながり、ＥＵから「主権を取り戻すべきだ」との声が増えた。また、国内で移民増加への不満がＥＵに否定的な意見につながり、離脱論が強まったことも大きな要因とされる。

Q　「合意なき離脱」とは？

A　英国がＥＵを離脱した後の国境管理や関税について、英ＥＵ間で何の協定も成立せずに離脱日を迎えることを指す。ＥＵは加盟国間の輸出入に関税がかからない。英国の離脱日を境に突如として関税がかかることになれば、経済に大きな混乱が生じる。合意が得られた場合は二〇二〇年末まで「移行期間」がある。

英ＥＵはメイ政権時代に一度協定案に合意したが、英議会での承認が得られず、一九年三月二九日だった離脱期限は二度の延期で一〇月三一日とし、さらに二〇年一月末に期限を延ばした。英国は一九年一二月の総選挙を経て、英国議会では下院、上院の順に離脱協定案の関連法案を可決。エリザベス女王による裁可を経て法案は成立し、離脱に向けた英国側の手続きが完了した。ＥＵ側の立法機関・欧州議会も月末までに協定案を承認した。

2　長期化する交渉がポンド相場を翻弄

為替取引で世界最大となるロンドン市場。英国民投票で離脱派が多数を占めた二〇一六年六月二四日、英国通貨のポンド相場は、一ポンド＝一・三二二四ドルに急落した。「残留派」の勝利を見込み、ポンドを買い進めていた多くの投資家が損失を抱え、いわゆる「ミセス・ワタナベ」にも苦い経験となった。外国為替証拠金（FX）取引へ投資する日本の個人投資家の総称だ。

以降、ポンド相場は英国のEU離脱（ブレグジット）に翻弄《ほんろう》されてきた。翌一七年一月中旬、首相のテリーザ・メイが、EU市場からの完全離脱を表明したと伝わると、一ポンド＝一・一九七九ドルまで売られた。その後は戻したものの、首相が強硬離脱派のボリス・ジョンソンに代わると、再び下落に転じた。

いつしか離脱は織り込まれ、合意なき離脱は「売り」、合意があれば「買い」となった。世界中の投資家が、ブレグジットをめぐる英議会と首相のジョンソンの駆け引きに身構え、市場は神経質な展開が続いた。ミセス・ワタナベの一人で有名トレーダーの池辺雪子は「一喜一憂せず、慎重に見極めなくては」と話した。

国内外がブレグジットの帰趨《きすう》を見守る中、三年以上、結論が出ては覆されてきた。離脱派が求めてきた「（EUから）主権を取り戻す」前に、経済活動ばかりがすり減るようになった。備えが長引くことによる「ブレグジット疲れ」だ。

一九年一〇月、ロンドン北郊のハットフィールドにある日系製薬大手「エーザイ」の生産工場。敷地内の倉庫には、六週間分以上の医薬品が在庫として積み上がった。離脱で物流網に大混乱が生じても薬を確実に出荷するためで、英国政府からの要請を踏まえた。英国以外のEU各国でも通常の倍以上となる六か月分の在庫を確保した。保管の費用や手間は大きく、離脱問題の迷走が負担としてのしかかる。同社幹部は訴える。「製薬企業の使命と考え、離脱の合意があってもなくても、延期でも対応出来るようにした。だからこそ、早く結論を出してほしい」

トヨタ自動車は同年一一月一日、英国内の工場で生産ラインを止めた。離脱した場合の混乱に対処する目的だったが、離脱が延期されても予定通り操業は停止された。三月末や四月中旬にも離脱期限が設定・延期されるたびに、別の自動車各社が同様の対応を強いられた。代償は大きい。英自動車工業会は、休業や在庫の積み増しなど「備えに要する費用の総額は三・三億ポンド（約四六〇億円）」と見積もる。

中央銀行も離脱問題の長期化を懸念した。イングランド銀行は九月の金融政策委員会の後に公表した声明で、「EU離脱をめぐる不確実性が長引くほど、需要が伸び悩む」と指摘した。政策委員の一人は「利下げのほうが現実的」と公言し、実体経済が減速すれば金融緩和も辞さない姿勢を示した。

◇

離脱への備えは、日本にも対岸の火事ではなかった。一九年一〇月二九日、英国から北海道・新千歳空港に約三〇頭のサラブレッドを積んだ貨物チャーター便が到着した。英国産の子馬や妊娠した馬などで、数年後の競走馬デビューを目指す。例年、一一月上～中旬に輸入していたが、前倒しした。日本とEUとの経済連携協定（EPA）の恩恵で支払わずにすむはずの一頭三四〇万～数十万円前後の輸入関税が、離脱の行方次第でどうなるか分からないためだ。関係者は「離脱問題がこちらに降りかかるとは」と驚く。

日本政府は離脱問題への対応が遅れている中小企業への支援策として、政府側から積極的に働きかけた。「プッシュ型支援」と呼ばれ、大規模災害の発生時に多く用いられるものだ。

一〇月四日に経済産業省や日本貿易振興機構（ジェトロ）の職員約二〇〇人で対策本部を設置した。英国との取引が確認できた中小・中堅企業四百数十社に担当者が自ら電話やメールをし、在庫の準備や通関手続きの方法などを説明した。

3　離脱後の英国に勝算はあるか

二〇一九年一二月の総選挙で与党の保守党が掲げた公約は、離脱後にEUとの自由貿易協定（FTA）交渉に加え、米国、オーストラリア、ニュージーランド、日本と優先的に通商交渉を進めるとした。英国は今後、同年二月に発効した日EUの経済連携協定（EPA）に代わる新たな通商協定について日本と交渉を始める。二一年一月の発効に向け、英大衆紙サンは、「ジョンソンは、日本と（離脱後）最初に貿易協定を結ぶことを期待している」と報じた。

ジョンソンが一九年一〇月にEUと合意した新協定案は、EUの関税同盟から確実に脱退し、他国と自由な貿易交渉ができる点が、一七年に前任首相のテリーザ・メイが提示した案との大きな違いだった。英国領の北アイルランドのみEUのルールを部分的に適用することで、地続きとなるアイルランドとの国境を物理的に作ることを避け、紛争への懸念を封じた。貿易交渉に「英国の主権を取り戻す」。ジョンソンの悲願である。

だが、世界的にFTAやEPAが構築されるなかで、離脱後の英国に勝算はあるのか。ジョンソンが思い描く貿易協定の一つに、「スーパーカナダ型」と呼ばれるものがある。EUとカナダが結ぶ「包括的経済貿易協定（CETA）」は、物品の九九％近くが無関税となる一方、英国が得意とするサービス分野を十分にカバーしていないとされる。「スーパーカナダ型」は、サービスも物品と同程度の開放が条件になる想定だ。EU市場で自由に移動する「人、モノ、資本、サービス」のうち、「人」にあたる移民のみを制限する「いいとこ取り」を狙うため、EUと折り合うハードルは高い。

実際、EUの首席交渉官、ミシェル・バルニエは、「英国の中には単一市場を抜けてもそのほかの恩恵は全て受けられると主張する人もいるが、それは不可能だ」と牽制《けんせい》する。EU非加盟国でも、ノルウェーなどは人の移動なども受け入れる代わりに、EUと強い経済関係を結ぶ。

一九年九月、経団連は米、韓、豪、カナダなど七か国の主要経済団体と連名で離脱に関する共同声明を発表。英国とEUの双方に対し、「アンビシャス（野心的）な協定を速やかに締結することを求める」と強調した。「アンビシャス」は通商交渉の世界で、「関税の引き下げ幅が大きく、撤廃対象の品目も多い」といった質の高さを表現する際、使われる。離脱後も、英EU間でのビジネスを従前通り進めたい思惑が込められる。

SMBC日興証券金融財政アナリスト、末沢豪謙《ひでのり》の見方は否定的だ。「人、モノ、金が自由に行き来するEU市場の恩恵は大きく、英国が離脱後の他国との交渉でそれを上回る恩恵を得られるとは考えづらい」

楽観視する企業もある。貝殻模様のチョコレートで知られるベルギーの菓子大手ギリアン。世界一二〇か国超に商品を輸出し、英国はその一五%を占める最大の得意先となる。最高経営責任者（ＣＥＯ）のミカ・カウバウトは「さほど影響はないだろう。品質が良ければ引き続き買ってもらえる」と自信を見せる。もちろん、英ＥＵが「野心的な」自由貿易協定を結ぶことが前提だ。

ジョンソン政権の念頭には、日米など経済大国との関係強化もある。一九年九月二〇日、東京・霞が関の経済産業省大臣室。英国際貿易相のエリザベス・トラスは、経産相の菅原一秀に語りかけた。「ブレグジット（ＥＵ離脱）は自前の規制やルールを作る機会になり、自由な協定を結べる。ＴＰＰ（環太平洋経済連携協定）への関心も強く持っている。アンビシャスな協定だ」。菅原は「互いにウィンウィンの関係を築きたい」と淡々と応じ、記者団の前ではＴＰＰにも触れなかった。

EU離脱後の英国の通商交渉の枠組み

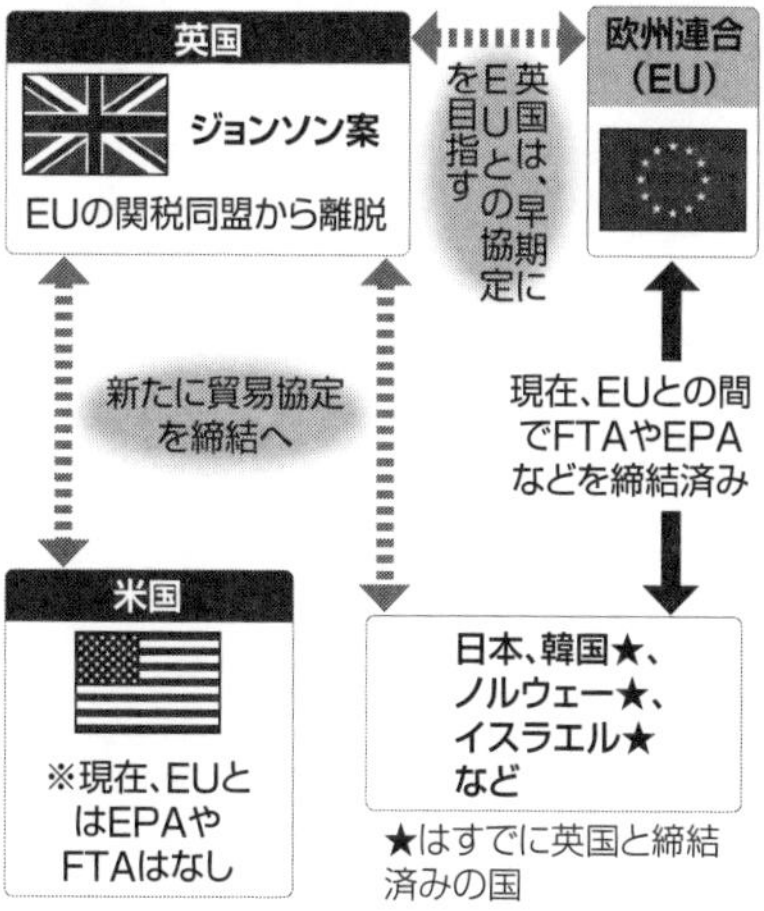

一八年の日本の輸出金額八一兆円に占める英国の割合はわずか一・九%。関税の引き下げや撤廃で受けられる恩恵は限られる。二〇年末までの移行期間を踏まえ、英国はＥＵと協定を結ぶ相手国と新しく協定を締結する方針だ。韓国などがすでに締結済みだが、現行のＥＵとの通商協定とほぼ同水準だ。日

本は二〇年中の締結を目指すことを掲げるが、経済界幹部は「アンビシャスな協定を結びたいという機運は見えない」と冷ややかだ。英政府は一九年九月二〇日、日本を含めた企業や経済団体などに対し、対日貿易協定に関する意見の募集を始めたが、経団連は意見書を出さなかった。

日本側は自動車関税について即時撤廃を求める考え。一方、自動車が基幹産業の一つとなる英国は自国産業を保護する姿勢を強める。日産自動車やトヨタ自動車といった現地に進出する大手が、「脱英国」「英残留」のどちらに舵《かじ》を切るかも、通商交渉の行方に大きく影響しうる。二一年一月の完全離脱までの移行期間に、新たな通商交渉がまとまらない場合、混乱も起きかねない。

三菱ケミカルホールディングスは関税が復活した場合でも、一部減免が受けられるように英国政府に申請した。一方で、EU向けに英国で生産している化学品を、米国やサウジアラビアからの輸出に切り替えることを検討する。英国にタイヤの販売拠点を持つ住友ゴム工業は、物流が滞る事態に備えて、トルコの製造拠点から運び込む製品の在庫を積み増す方針だという。

4　問われる対韓経済外交

「近くて遠い国・韓国」とは貿易や投資、人的交流を通じた協業関係を強めてきた歴史がある。冷え込む日韓関係を前に「経済外交」の真価が問われている。

経団連会長の中西宏明ら日本の財界人が二〇一九年一〇月二四日、韓国の首相・李洛淵《イナギョン》と会談し

会談の冒頭であいさつする李洛淵首相（左）。右から２人目は経団連の中西宏明会長（2019年10月24日午後、都内のホテルで。代表撮影）

た。同日昼、東京・永田町のホテルで開かれた韓国政府と日本経済界の懇談会。ホスト役の李は、日韓経済関係を歯車に例えて強調した。「今回、円満でない出来事が生じた。（両国による）歯車が回り続けるように、両国の経済界が知恵を出し合い難関を早く克服できることを願う」

李は一九九〇年代前半、韓国メディアの東京特派員を務めた知日派の代表格。「韓国と日本、関係をもう一回作り上げたい」。中西も笑顔で応じた。

資本力や雇用といった産業の力をバックに民間団体が手がける経済外交。「経団連にとって存在意義の一つ」（幹部）である。中西は会合後、「日韓の経済界が力を合わせて両国政府に働きかけないといけない」と決意を示した。

◇

「日本ボイコット」。反日の波が覆う韓国では、ユニクロ、スーパードライ、レクサスなど、世界でも高い人気を持つ日本のブランド商品が不買運動のターゲットになる。日本からのビールの対韓輸出は一九年八月、前年同月比九二％減に見舞われた。

アパレル大手のオンワードホールディングスは、二〇年二月までに二六店舗を閉店して韓国市場から撤退することを決めた。社長の保元道宣は一九年一〇月七日の記者会見で嘆いた。「日韓の摩擦の影響で業績が悪い状態が続いていた」

一九年七月、日本の経済産業省は、半導体製造などに必要な三品目に関して、韓国向けの輸出管理の強化に乗り出した。外国為替及び外国貿易法（外為法）に基づく。理由は「不適切な事案が見つかったため」だ。対象の三品目は、半導体の洗浄に使うフッ化水素のほか、スマートフォンのディスプレーに使われるフッ化ポリイミド、半導体の基板に塗る感光剤のレジスト。いずれも日本企業が世界市場で高いシェア（占有率）を誇る。輸出ごとに政府への申請が必要になり、審査に九〇日程度かかるようになる。

経産省は翌八月、輸出手続きを簡略化できる国を指す「グループA（ホワイト国）」から、韓国を除外する措置にも踏み切った。炭素繊維や工作機械など軍事転用の恐れがある品目について手続きを厳格化し、輸出先や使途を詳細にチェックする。それは他のアジア諸国向けと同じ扱いに改めることを意味する。「韓国の輸出管理制度や運用に不十分な点があることなどを踏まえた見直しだ」。官房長官の菅義偉は、記者会見でこう述べた。

日本側の一連の措置に対し、韓国政府や社会は「貿易戦争だ」と強く反発。危機感を募らせた韓国政府は八月五日、三品目を含む対日依存度が高い部品・素材の国産化へ向けた研究開発投資などとして、七年間で七兆八〇〇〇億ウォン（約六九〇〇億円）の予算を投じると発表した。

◇

日韓関係の悪化が急速に進んだ直接の引き金は一八年一〇月末、韓国の最高裁にあたる大法院の判断だ。日本統治時代に朝鮮半島出身の徴用工を雇っていたとして日本製鉄が賠償を命じられた。

翌一一月、韓国・釜山《プサン》市で開催予定だった日韓双方の商工会議所による一二回目の懇談会が、開催数日前に延期となった。日本製鉄で社長・会長を歴任した会頭の三村明夫が、徴用工問題を提起しようとしたことに韓国が反発し、延期を申し入れたという。日商は二〇年春にも開催したいとの意向を伝えたが、実現のめどはたっていない。

韓国の裁判所に提訴された徴用工をめぐる訴訟は約二〇件、対象となる日本企業は日本製鉄や三菱重工業を含めて七〇社超とされる。だが、訴状すら届かず、戸惑う企業は多い。

その一つが常磐興産（本社・福島県いわき市）。明治時代に設立された炭鉱会社が源流で、炭鉱は一九八五年に閉山した。今は映画「フラガール」の舞台として取り上げられた同市の「スパリゾートハワイアンズ」の運営会社だ。戦前・戦中に朝鮮半島の出身者が自社の炭鉱で働いたとする文献が残るが、詳しい経緯は確認できないという。原告からは訴状どころか手紙やメールさえも届いていない。同じく被告となった九州地方の社員約五〇人の中小企業の経営者は、「労働者にひどい扱いをするわけがない。真実を知りたい」と憤る。

二〇一九年九月二八～二九日、東京・日比谷公園を会場に開かれた一一回目の「日韓交流おまつり」。開会式には、元首相の福田康夫、公明党代表の山口那津男、国土交通相の赤羽一嘉ら政府・与党の要人が顔をそろえたが、「戦後最悪」とも呼ばれる日韓関係を反映して会場は終始ピリピリした空気に包まれた。実行委員長の佐々木幹夫（三菱商事特別顧問）も、開会のあいさつにそうした雰囲気をにじませた。「このようなときだからこそ、関係改善を図るために日韓交流おまつりのような文化、草の根交流を継続することが必要と確信している」

その少し前の九月二五日、日韓の大手企業幹部らは韓国・ソウル市に集っていた。「日韓経済人会議」。会議は一九六九年から開かれており、今回が五一回目。七月に日本が対韓輸出の管理を厳格化して以降、両国の経済界が初めて公に議論を交わす場となった。当初、五月に開く予定だったが、延期されていた。

会議では、韓国での日本製品の不買運動など、関係悪化による経済への影響に懸念の声が相次いだ。両国の協力の具体策として、成長性の高いベトナムなど第三国への投資で連携を強化していく方針が示された。

会議の共同声明では、両国関係について「出口の見えない厳しい状況が続いている」と指摘。「民間の立場で信頼関係とスムーズな往来が醸成されるよう活動していかなければならない」とした。日本側の団長を務めた三菱商事の佐々木は、記者会見で「結束が強まった」とアピールした。韓日経済協会長の金銑《キムユン》は「経済活動を通して社会に資するチャンスを作れば役に立つ」と関係強化の必要性を強調した。

◇

戦後、日本企業は鉄鋼や自動車など様々な分野で韓国側に技術支援を行って産業育成に協力し、深い関係を築いた。世界でも有数の製鉄大手となったポスコは、発足直後から新日本製鉄（現、日本製鉄）が技術指導を行った。

日韓関係が悪化した二〇一四年には、中西の前任会長である榊原定征が訪韓し、大統領の朴槿恵《パククネ》に日本側との首脳会談を呼びかける経済外交を行った。榊原が出身とする東レは、一九六〇年代から四兆ウォン（約四〇〇〇億円）を現地で投資し、榊原は韓国では日本を代表する経営者として知られる。経団連会長時代は、訪韓するたびに大統領府に招かれて朴槿恵と会談した。さらに前任の米倉弘昌も、韓国でサムスンやLGなどと幅広く事業展開している住友化学出身だった。

東レ社内で今でも語り継がれるエピソードがある。サムスングループ創業者の李秉喆《イビョンチョル》が一九八七年に亡くなり、東レの社長に就任して間もない前田勝之助が葬儀に出席した。その際、秉喆の息子で二代目の経営トップとなる李健熙《イゴンヒ》が前田に対し、言ったという。「父親から言われています。東レに足を向けて寝るなと」

東レは七二年、サムスングループの祖業の一つとなる繊維事業で合弁会社を設立。繊維の基本技術や生産設備を提供し、その後のサムスン急成長の礎を築いた。サムスンが東レを規模ではるかに上回るグローバル企業に成長した後でも、健熙やその息子でサムスン電子副会長の李在鎔《イジェヨン》は、訪日した際、東レにだけは顔を出すとされる。

訴訟や不買運動など、目に見える関係の綻びの裏で、日韓両企業が重視しているのが、サプライチェーン（部品供給網）の維持だ。

二〇一九年一〇月一七日、サムスングループは神奈川県南部の名門ゴルフ場で、毎年恒例の取引先との懇談会を開いた。「アプリシエーション・デイ（感謝の日）」。半導体や電機関係など、日本のそうそうたる大企業から中堅・中小のトップら、これまでで最多の約六〇人が参加した。

配布されたおそろいのシャツを着込んでのプレー後、サムスンが事業方針を説明した。今後も結束関係を維持したい――。参加した企業首脳の一人は、サムスンの意向を強く受け止めた。「日韓の関係悪化は自分たちには関係ない。結束が必要なのは私たちにとっても同じことだ」。サムスンなど韓国の電機・半導体企業と、日本の素材・化学メーカーは協業して、各国に部品や製品を供給するという世界的な分業体制に組み込まれていることがその理由である。

◇

だが、関係の綻びは、日本より韓国への打撃の方が大きいとの見方が強い。韓国で一七年五月に発足した文在寅《ムンジェイン》政権は、最低賃金の大幅な引き上げで企業業績が悪化して、失業率も上昇した。米中対立の余波で輸出も振るわず、一九年七〜九月の国内総生産（GDP）は〇・四%増と経済の減速が鮮明となった。

慰安婦をめぐり、関係が冷え込んだ一四年一二月。経団連会長の榊原定征は、韓国の全国経済人連合会（全経連）を訪れた際、大統領の朴槿恵と面会し、首相の安倍晋三と会談するよう要請した。帰国後、安倍に「前向きだった」と伝えたという。首脳会談はその約一年後に実現した。

一方、榊原の後任となる中西自身や母体となる日立製作所は、比較的韓国との縁が薄い。日立の現地法人は社員数は一七〇〇人程度を抱えるものの、日立社内で国際派とされる中西は、米国の大学院を修了し、欧州子会社や北米総代表の経験は持つが、アジア、とりわけ韓国政財界とのつながりはあまりない。

もっとも、韓国財界は地盤沈下が指摘されている。朴槿恵前政権の収賄疑惑をめぐり李在鎔が逮捕・起訴され、大統領の文在寅は財閥と前政権の癒着を指弾して支持を得ており、財界との関係は冷え切っている。サムスンなど大手財閥は全経連を脱退した。

日韓関係に改善の兆しはみえない。一九年一一月一一日、経団連二二階で開かれた月一回の会長・副会長会議。「日韓問題で非常に深刻な報告があった」。終了後、副会長の一人は厳しい表情を崩さず、周囲にショックを隠さなかった。

会議前に出席者で昼食を囲むのが通例だが、出席者によるとその際に会長の中西がこう切り出したという。日韓双方の主要企業が資金を出し合って基金設立を打診された——。李在鎔が極秘で来日し、中西と会談したときのことだという。

一八人いる副会長の中には韓国で事業を手がける企業の首脳も多く、そのうちの二社である三菱重工業や日本製鉄は徴用工訴訟で韓国の裁判所から現地での資産差し押さえを命じられている。日本政府は徴用工問題を「すでに解決済み」とする立場で、日本経済界が基金に協力すれば韓国側に誤ったメッセージを送ることになる。当然、中西が伝えた韓国経済界からの提案に対しては、両社以外の首脳からも慎重論が相次いだ。

韓国経済界は基金案にこだわった。翌一二月、韓国経済界の首脳が、中西、日本商工会議所会頭の三村明夫、みずほフィナンシャルグループ会長の佐藤康博と席を並べ、東京都内で開かれたパネルディスカッション。出席者の一人で韓国財閥三位のSKグループ首脳は基金案を日本の聴衆にまで呼びかけた。

知日派の首相、李も二〇年一月に退任した。李がうまく回ることを願った日韓関係の歯車はかみ合わないままだ。

第九章　業界団体

1　消滅に向かう業種・業界の垣根

ＩＴの発展やグローバル化は産業構造を大きく変え、業種・業界の垣根は消えつつある。生き残りを模索する業界団体の実相を探る――。

地球温暖化対策で、石油など化石燃料を使う企業などに対し二酸化炭素の排出量に応じて課税する「炭素税」。二〇二〇年一月二一日の閣議後記者会見で、環境相の小泉進次郎は本格導入に意欲を見せた。「産業界に理解を求めていくためにも対話を重ね、丁寧に議論を進めたい」

コスト増に直結する税の導入に対し、経団連、日本鉄鋼連盟など主要経済・業界団体は反対を掲げる。さらに踏み込み、政府・与党に毎年提出する税制改正要望書で「絶対反対」と訴える業界団体が全国石油商業組合連合会（全石連）だ。全国約二万三〇〇〇店のガソリンスタンド（ＧＳ）を束ねる。

ガソリンは、小売価格に占める税金の割合が四〇％超となる「担税物品」。炭素税が導入されても価格転嫁が進まなければ、ＧＳ業界の負担はさらに膨らむ。同月一七日の賀詞交歓会であいさつした全石連会長、森洋は語気を強めた。「増税反対の運動を展開する」

だが森は二年前から、神奈川県横須賀市を地盤とする小泉の地元後援会長というもう一つの顔を持つ。後援会の名は「経泉会」。経済の「経」と小泉の名前の一部から取った名称の通り、横須賀市を中心とした約二〇〇社の地元企業の経営者で作る。

五つある小泉の地元後援会でも最も規模が大きいとされ、毎回の衆院選では森の呼びかけで後援会企業の従業員らが手弁当で応援に奔走する。小泉は二〇〇九年の初出馬時こそ得票率は五七・一％にとどまったが、その後三回の選挙では七八・〇～八三・三％と文字通り圧勝した。選挙期間中、小泉が自民党候補らの応援演説で引っ張りだこになって地元を不在にできるのも、留守を預かる森ら経泉会の存在があるからだ。

森が社長を務める富士オイル（本社・横須賀市）は現在、神奈川県内で一〇か所のガソリンスタンドを展開し、森自身は自宅を構える東京・田園調布から本社に通っている。小泉家との関係は数十年に及ぶ。進次郎の祖父、純也が衆院議員の時に、森の義理の兄が秘書を務めたことがきっかけだ。森は進次郎の父で元首相の純一郎と横須賀青年会議所では同期として活動し、親交を深めた。進次郎が関東学院大学の学生時代には焼き鳥屋で酒を酌み交わすこともあった。富士オイルは毎年、横須賀市で自社の社名を冠した少年野球大会を主催し、進次郎もゲストとして駆けつける。

産業界には、環境変化の波が押し寄せる

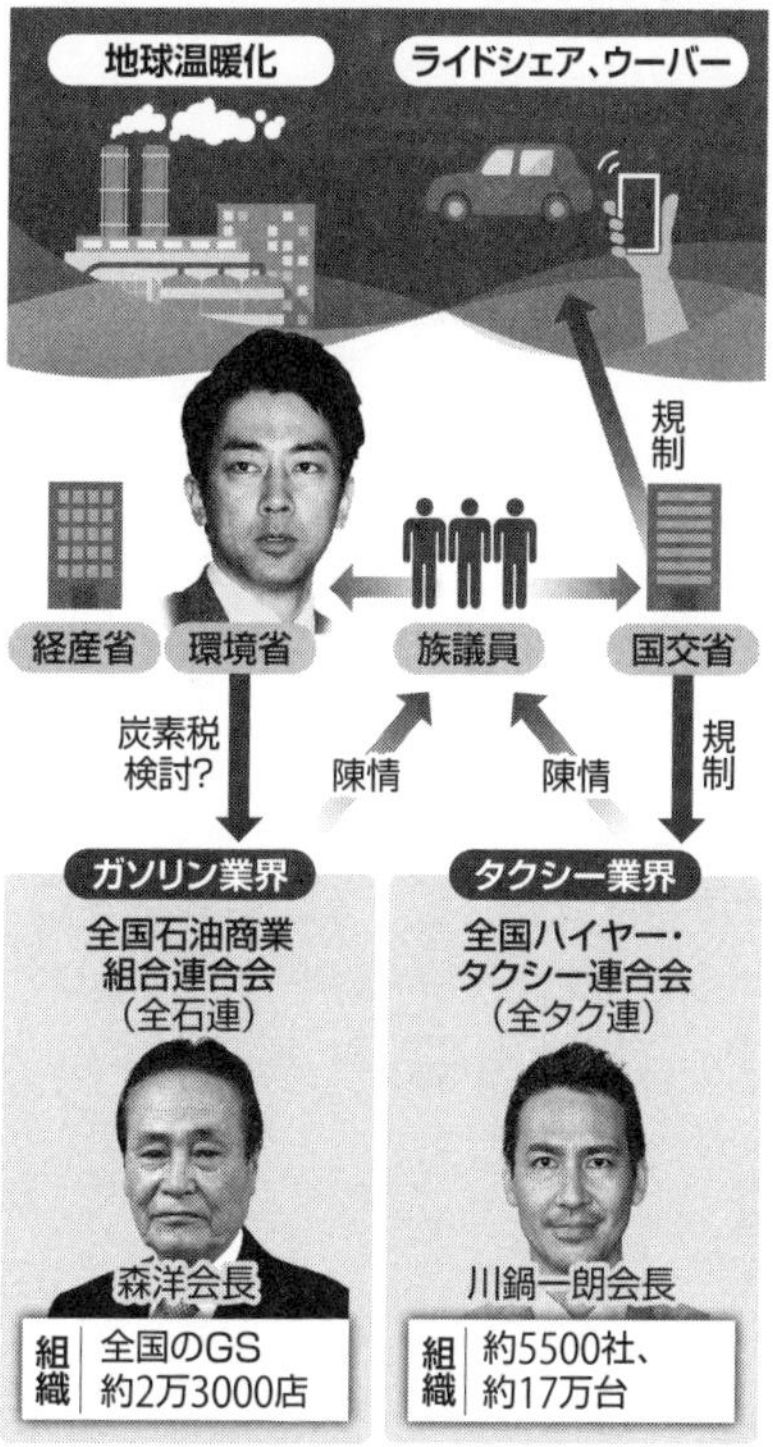

森は一六年に全石連会長に就任した。歴代九人の会長の中でも長期となる九期一八年間を務め、石油業界のドンと呼ばれた関正夫の後任だった。関がトップを務めるセキショウグループ（本社・茨城県筑西市、つくば市）は北関東を中心にガソリンスタンドを展開し、売上高は一七八〇億円に達する。

石油業界で今、ささやかれる。「政策面で正反対の立場となった二人はどう対処するのか」――。小泉と森の関係が耳目を集めるのは、石油業界が森の政治力を頼っているからだ。森は会長就任前、石油業界で作る政治団体「全国石油政治連盟（油政連）」の会長を一〇年務め、政界に太いパイプを築いた。自民党の石油流通問題議員連盟は約一八〇人、一六年に発足した公明党の議連も約四〇人。与党国会議員による業界応援団さながらだ。

森のビジネスの拠点は神奈川県。小泉進次郎以外にも自民党税制調査会長の甘利明、官房長官の菅義偉ら、いずれも同県を地盤とする有力議員と懇意にする。甘利は公言する。「私の事務所の日程調整では、森さんの優先順位が一番」

森の提唱で一六年度から導入された経済産業省の補助事業「住民拠点サービスステーション」。災害時の燃料供給を目的に、全国のGS約一万五〇〇〇か所に自家発電機を設置する。数百億円規模の予算がつき、政府による補助率は異例の一〇〇％。経産省幹部は「森さんにやられた」とぼやいた。

森は一九年六月、全国中小企業団体中央会長に就任し、二足目のわらじをはく。中小企業の七割にあたる全国約二七〇万社を傘下に持つ有力経済団体のトップだ。同年九月、その就任を祝うパーティーで小泉は「心の底からおめでとうと思っているのは私だ。世襲批判が厳しかった最初の選挙で支えてくれたのは森さんだ」と絶賛した。前任の大村功作はこう断言する。「森さんは一段と政治力が必要な時代に選ばれた」。森の胆力が、小泉の顔を立てつつ業界を守る、と見る。

◇

業界全体に網をかける規制はときに、新興勢力の参入を阻み、業界を守る防波堤となる。

日本でタクシーが誕生してからちょうど一世紀後の一二年。米配車アプリ大手「ウーバー・テクノロジーズ」が東京都内に現地法人を設立すると、タクシー業界に危機感が広がった。自家用車で乗客を有料で運ぶ「ライドシェア」の代名詞とも言えるウーバー。日本上陸の三年前に米国で誕生し、世界各国に進出した。料金の安さを武器に客を奪って、タクシー業界の地盤沈下を招くさまは「ウーバライゼーション（ウーバー症候群）」と称された。

だが、業界の懸念は杞憂《きゆう》に終わった。一五年、ウーバーが福岡市で始めたライドシェアの実証実験は、国土交通省から「白タク行為」との指導を受け、中止に追い込まれた。全国ハイヤー・タクシー連合会（全タク連）は「タクシー事業の更なる進化を図り、ライドシェアは不要であることを示していく」（会長の川鍋一朗）との立場だ。

ウーバーは現在、一一都市で地元のタクシー業者数十社と提携し、アプリを使った配車サービスを提供する。業界との対立ではなく「共存共栄」（関係者）に舵《かじ》を切った。ウーバーは今や急成長するＩＴ企業として、「ネクスト（次の）ＧＡＦＡ」とも呼ばれる。一八年七月、ウーバーの筆頭株主、ソフトバンクグループ（ＳＢＧ）会長の孫正義は、講演会で怒りをあらわにした。「こんなばかな国がいまだにあることが僕には信じられない。ライドシェアで交通の混雑が減り、事故も少なくできる。それなのに国が未来の進化を自分で止めている」

◇

政官との強いつながりで威力を発揮し、日本経済を支える一翼を担ってきた業界団体。だが、技術革新の進展で新しい産業が勃興し、中国など新興国の台頭で、日本が産業構造の転換を求められる今、既存の枠組みを維持することに疑問を投げかける見方も出てきた。

その急先鋒《きゅうせんぽう》が、経済団体の親玉である経団連第一四代会長、中西宏明だ。初めての戦後生まれの財界総理は、デジタル化による産業変革が持論である。中西は二〇年一月中旬、こう宣言した。

「業種の垣根がずっと低くなり、業種を超えた連携、あるいは業種を超えた食い合いも起こってくる」

業界は溶け始めるのか。

Q&A

Q　業界団体とは？

A　明確な定義はないが、一般的には同じような産業や業種、事業に関わる企業などで構成される組織を指す。利益追求を目的としない非営利団体であることが多い。独占禁止法では「共通の利益を増進することを主たる目的とする二以上の事業者の連合体」を事業者団体と定義している。主要業界では全国銀行協会や日本電機工業会、日本自動車工業会などがある。

また、日本医師会、日本弁護士連合会といった企業以外の個人らが中心となる組織は、職能団体と呼ばれる。総務省の統計「経済センサス」によると、二〇一六年時点で業界団体や職能団体などは全国に約一万三〇〇〇あるとされる。

Q　活動内容は？

A　会員企業から規制緩和や補助金制度、税制といった政策に関する要望を集約して、所管官庁や政党に提言している。官庁にとっては、業界団体を通せば制度や政策の変更などを各企業に一律に周知できるメリットがある。会員企業から資金を集め、政党に献金することを重要な役割と位置づける団体もある。

会員間の利害調整のほか、新年の賀詞交歓会や定時総会の開催など、会員同士が親睦を深めることも役割の一つ。業界の「自浄作用」を図るために自主的な規制を設ける団体もある。

Q　役員や職員は？

A　業界内で主要な企業数社の経営トップが、持ち回りで会長を務めることが多い。事務方のトップは専務理事や事務総長と呼ばれ、財務省や経済産業省など所管・関係官庁のＯＢが代々、務めることもあり、天下りへの批判もある。

職員は、独自に団体が採用したり、会員企業から出向したりする。大手電力一〇社で作る「電気事業連合会」は職員約二一〇人のうち、主に各社からの出向者が九割を占める。逆に、全銀協は九割以上をプロパー（生え抜き）職員が占めるなど、団体によって違いがある。

Q　経団連は業界団体か？

A　異業種の団体などが横断的に集まって構成される場合は、経済団体とも呼ばれる。経団連もその一つで、総合経済団体を自称する。一二年に楽天会長兼社長の三木谷浩史が主導して設立した新経済連盟（新経連）は、ＩＴやベンチャー企業が会員の中心だが、「経済団体」と名乗る。

2　消えた「ビール日本一」

二〇二〇年の年明け、ビール類のテレビＣＭで、定番の売り文句だった「売上本数ナンバーワン」「シェア（占有率）ナンバーワン」が消えた。スーパー店頭に並ぶＰＯＰ広告や電車の中づり広告も、「ナンバーワン」とうたったものは、一九年の大みそかまでにおおむね撤去された。

理由は単純。これまで表記の根拠となっていた前年の課税出荷数量が非公表になった。アサヒビールやキリンビールなど大手五社で作る業界団体「ビール酒造組合」が一八年分を最後にとりやめたのだ。その結果、出荷量からナンバーワンのメーカーや銘柄を算出できなくなった。

統計のとりまとめは、業界団体が担う大きな役割の一つである。日本能率協会総合研究所で統計に関する研究を担った浅田昭司はその意義を、「政策提言の材料と一般社会への認知向上につながる」と強調する。業界の実態を数字で監督官庁に示すことで、政策提言や陳情の際の説得力が増し、政治や行政を動かしやすくなる。ナンバーワンのメーカーや商品と宣伝できれば、ブランド力となるとの思惑もある。

ビール酒造組合は、非公表の理由を「消費者のニーズや価値観が多様化し、市場全体の動向をとらえられないため」と説明する。組合の加盟五社以外が手がけるクラフトビールや輸入ビール、プライベートブランド（ＰＢ）商品が伸びているのに統計に入らず、実態を示さなくなった。

裏では、各社によるシェア争いが過熱し、順位の入れ替えを嫌った一部の社が統計の非公表を主張したともささやかれる。「ビール戦争」。アサヒとキリンによるシェアトップの座をめぐる攻防は、そう称された。統計を締める年末が迫ると、両社の社員は、取引先や家族まで巻き込んでスーパー

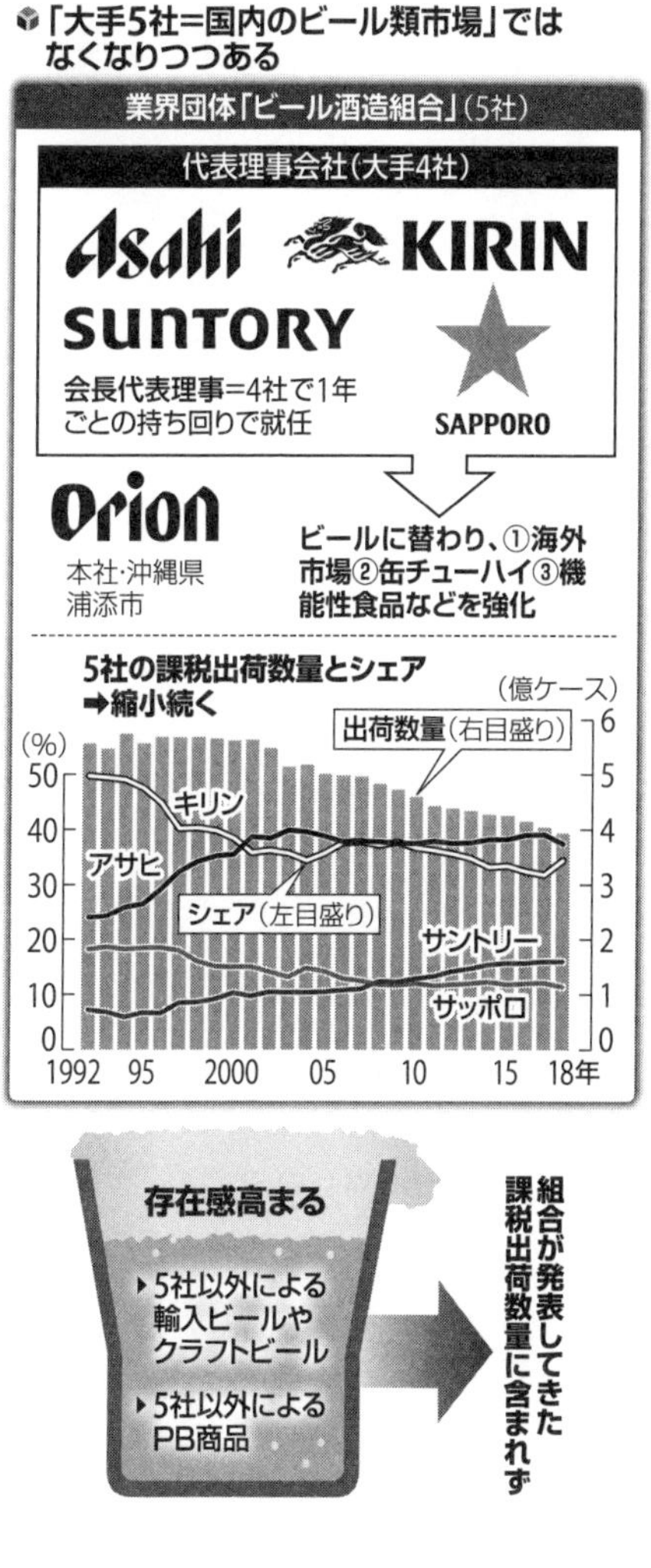

「大手5社=国内のビール類市場」ではなくなりつつある

や飲食店を行脚し、自社製ビールを手に、「一本でも消費量を増やし、〇・一ポイントでもシェアを拡大する」（幹部）ことを目指した。

消費者の好みが多様化し、売れ行きナンバーワンというキャッチフレーズが売れ行きをさらに伸ばす時代が終わったことも大きい。人口減少や健康志向を背景に、一〇年代以降、国内のビール類市場は急速に縮小した。ハイボールやサワーが居酒屋の人気メニューとなった。「〝ナンバーワン〟（の売り文句）が販売に効果があったか、検証もさほどしていない」。アサヒビール社長の塩沢賢一は淡々と話す。

◇

業界団体の役割は何か――。全国銀行協会（全銀協）の源流の名にそのヒントがある。一八七七年（明治一〇年）、日本資本主義の父と呼ばれる渋沢栄一が、銀行九行が集まる親睦組織「択善会」を設立した。「三人で一緒に行動すれば必ず手本になる人がいる」を意味する論語の一節から、渋沢が名付けたとされる。

全銀協の会員数は現在、メガバンクや信託、地方銀行など二五三社・団体。政府への提言や定例記者会見、銀行間でのデータ通信システムの運営など業務内容は多岐にわたり、職員約三〇〇人のほとんどがプロパー（生え抜き）だ。

調査役の吉原康之は二〇〇五年に中央大学法学部を卒業後、「公益に役立つ仕事をしたい」と考え、新卒で入社した。事務・決済システム部に所属し、銀行同士が紙で交換してきた手形の電子化推進に向けた業務を担当する。盗難や紛失リスクが減り、生産性向上につながるメリットがある。

業務の大きな方針は会員から意見を集約し、銀行界の総意として決めるのが原則。吉原は「会議屋」と自称するほど、打ち合わせやそのための資料作りに追われる日常である。

専門性の高い業務に関わる資格試験を管轄するのも業界団体の重要な役割だ。生命保険協会（生保協）は二二年にも、外貨建て保険における資格試験の導入を計画する。これに先立つ一九年秋、生保協と全銀協がせめぎあった。保険商品は銀行窓口でも販売している。外貨建て保険は販売増に伴い、販売員に対する苦情が増え、両者で抑制策を議論するなか、生保協が新資格を提案した。

生命保険についてはすでに、変額保険など主に三つの資格がある。全銀協は、資格を増やせば受験料を支払う会社や販売員への負担が重いとみた。導入は生保協会長で業界のガリバー、日本生命保険社長の清水博の肝いりとされ、当初は「会長としての実績作りに過ぎないのでは」（大手銀行）との不信感から、折り合うまでに時間がかかった。

◇

業界団体に役割を見いだせなくなった企業もある。食品大手「ネスレ日本」は一四年、コーヒー関連の業界四団体を一度に退会した。即席コーヒーの名称を「インスタント」ではなく、ネスレが開発した新製法に合わせて「レギュラーソリュブル」として表記できるように自主ルール変更を求めたが、団体の一つ、全日本コーヒー公正取引協議会が認めなかったことが理由だ。団体に残れば、レギュラーソリュブルの名称を使った広告展開ができないため、脱退を決めた。

国内のインスタントコーヒー市場で圧倒的なシェアを持つガリバーの不在。「業界が一枚岩になれなくなった」（関係者）ことで、団体の存在意義が問われる。一方、同業他社からすればネスレは現在でも新しい名称を浸透させきれていない。両者、痛み分けの様相である。

Q&A

Q 民間統計とは？

A 主に企業や業界、職能団体が会員や消費者らを対象に、自らの団体が手がける事柄に関する調査を行い、とりまとめた結果を統計として発表する。代表的な統計として、白物家電などの出荷数をまとめた「民生用電気機器　国内出荷実績」（日本電機工業会）や、「新車販売台数」（日本自動車販売協会連合会）がある。職能団体では日本弁護士連合会の「弁護士白書」が有名だ。弁護士が依頼を受けた刑事・民事の件数などが内容となる。

浅田昭司によると、民間統計の総数は「主なものだけで数百ある」とされる。これに対し、各省庁などの政府機関が公表する政府統計は、七〇〇前後ある。代表例に内閣府による「国民経済計算（GDP統計）」、総務省統計局の「人口推計」などがある。

Q ビール関連の統計は？

A ビール大手五社の出荷量をとりまとめた「課税出荷数量」は、ビール、発泡酒、第三のビールが対象。流通業者や小売店に出荷するため、ビール工場の門を出て酒税が課された段階の数量を集計した。これとは別に、各社はそれぞれ独自に販売実績の数量を発表しているが、自己申告となるため第三者が検証しにくい。過去には期末に無理に数字を積み増した販売実績を発表したケースもあった。

ビール酒造組合は一九九二年分から、実際に酒税が課された本数を示す課税出荷数量の公表を始めた。組合の公正競争規約では、消費者向けに「日本一」「第一位」といった表記をするには、課税出荷数量などの客観的な数字を根拠とするように定めている。

3 経団連の「規制改革要望」

デジタル化の進展による産業構造の転換を意味するデジタルトランスフォーメーション（DX）。二〇二〇年一月一六日、DXをテーマにした講演会で、経団連会長の中西宏明は言い放った。「産業構造の変化にどう準備すべきか、一生懸命考えている。業界というのはボトルネック（阻害要因）になる」。さらに、こう付け加えた。「JEITA（電子情報技術産業協会）とかJEMA（日本電機工業会）とか、ほとんど意味がなくなった」。両団体はともに経団連を構成する主要メンバーに数えられる。会場の大手企業や業界団体の役員ら約一〇〇人がどよめいた。

「日本経済団体連合会」という正式名称の通り、経団連は元々、業界団体の集合体から始まった。中西は、DXを「経団連最大の取り組み課題」と位置づけ、「財界総本山」のあり方を問う。一九年夏、長期入院した際も、病室でタブレットを駆使し、職員とメールで重要施策の進捗《しんちょく》状況についてやりとりし続けた。

その一つが毎春、政府に提出する「規制改革要望」。例年、全会員にあたる約一六〇〇の企業や団体から集約した一〇〇以上の項目を満遍なく列挙してきた。だが一九年夏、経団連は翌年分からDX分野に項目を絞って要望案を募ることを会員らに通知した。電子データでの情報提供の容認やマイナンバーの利用目的の変更——。「一点豪華主義」（経団連幹部）で政府に実現を促すのが狙いだが、デジタル化とかかわりが薄い従来の要望の多くは対象から外れる。「自分たちの要望や声が政府に届きにくくなる」。ある素材業界の団体幹部が一九年秋、経団連の事務局に抗議する一幕もあった。

◇

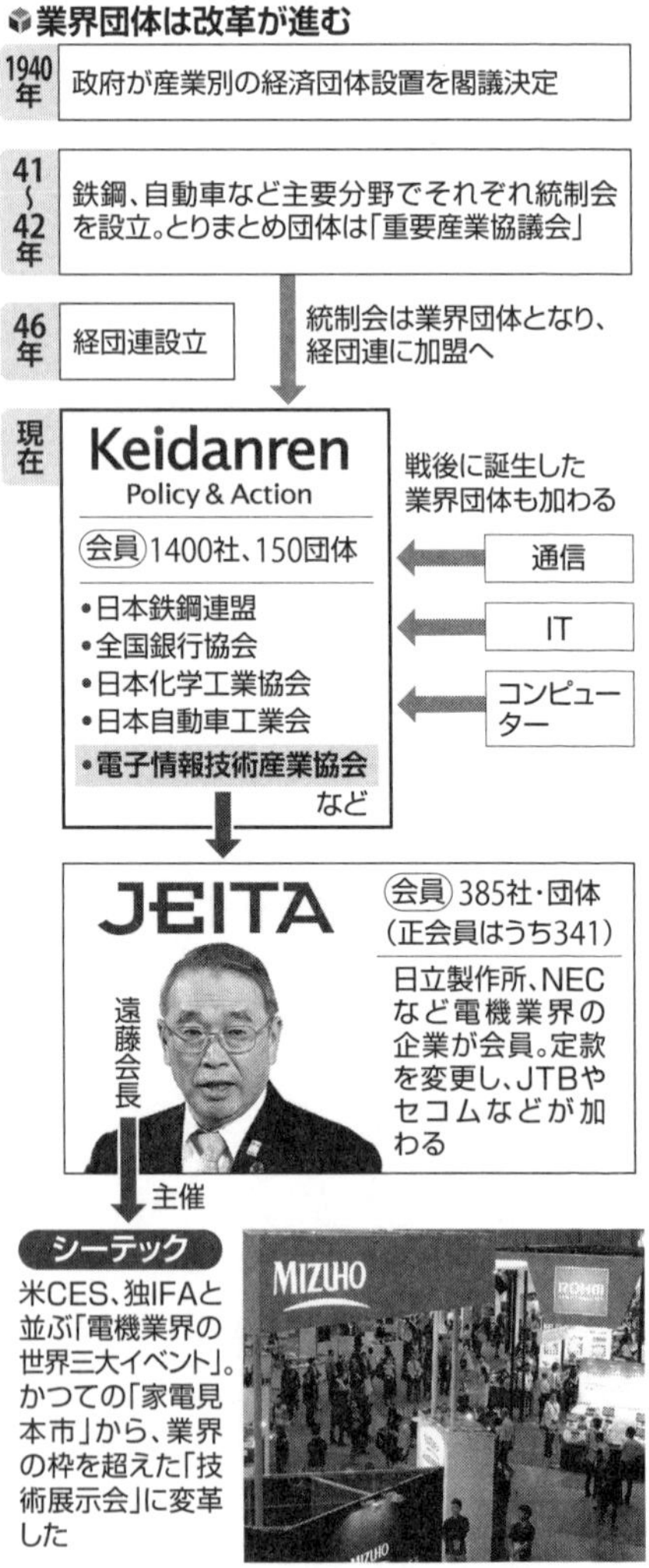

業界団体は改革が進む
1940年
政府が産業別の経済団体設置を閣議決定
41〜42年
鉄鋼、自動車など主要分野でそれぞれ統制会を設立。とりまとめ団体は「重要産業協議会」
46年
経団連設立
統制会は業界団体となり、経団連に加盟へ
現在
Keidanren
Policy & Action
会員 1400社、150団体
•日本鉄鋼連盟
•全国銀行協会
•日本化学工業協会
•日本自動車工業会
•電子情報技術産業協会
など
戦後に誕生した業界団体も加わる
通信
IT
コンピューター
JEITA
会員 385社・団体（正会員はうち341）
日立製作所、NECなど電機業界の企業が会員。定款を変更し、JTBやセコムなどが加わる
遠藤会長
主催
シーテック
米CES、独IFAと並ぶ「電機業界の世界三大イベント」。かつての「家電見本市」から、業界の枠を超えた「技術展示会」に変革した
MIZUHO

中西に「阻害要因」と名指しされたＪＥＩＴＡも、構造変化への対応に動く。中西の出身の日立製作所やＮＥＣなどが既存の主要会員だったが、一七年に会員資格の業種に「電子情報産業に密接に関連する事業を営む法人」を加え、事実上、全ての産業に門戸を広げた。元経済産業省官僚の専務理事、長尾尚人が「モノづくり企業だけが会員では、ＪＥＩＴＡはなくなる」と危機感を募らせた。旅行大手ＪＴＢや警備大手セコムなど異業種を相次ぎ入会させ、両社の経営幹部を副会長ポストに就けた。会長の遠藤信博（ＮＥＣ会長）は言う。「あらゆる産業が集うプラットフォームとしての業界団体になる」

ＪＥＩＴＡの正会員数は、二〇〇〇年の四二二をピークに一六年度は六割の水準に減ったが、「門戸開放」で約三割の増加に転じた。ＪＥＩＴＡが主催する展示会「シーテック」も、テレビや冷蔵庫などの新製品を並べる「家電見本市」から、電機と異業種の交流の場に生まれ変わった。

一九年秋の展示会で注目が集まった一つが、ＡＮＡホールディングスが出展した「アバター社会インフラ」。スマートフォンで操れるロボット「ニューミー」を使えば、インターネットを経由し、遠くにいる分身型ロボットを通じて世界を体験できる。先端技術を生かし、航空会社のＡＮＡが発想した未来の製品とサービス。業界の枠を取り払い、活路を模索する。

◇

金融とＩＴを融合するフィンテックの波が襲う金融界も、業界の垣根が消え始めている。

会員の除名や制裁金など、強力な自主規制の権限を持ち、「金融業界最強の団体」（関係者）とされる日本証券業協会。二〇年、その日証協が警戒する法案が通常国会に提出される。金融サービス仲介などに関する法案だ。

家計簿アプリのマネーフォワードなどが所属するフィンテック協会が一九年初頭から毎月、新法制を検討する準備会を重ね、政府に要望を上げ続けた。同年一二月、改正法案の今国会への提出が決まった。成立すれば、従来のように銀行、証券、保険業ごとに許可や登録をしなくても、単一の資格で金融商品を取り扱える「新仲介業者」が誕生する。他産業の参入が容易になり、既存の金融機関には逆風となる。なかでも損失補塡《ほてん》問題や回転売買といった不祥事があった日証協は、「新規参入者が問題を起こせば、〝証券業〟として我々にもはね返ってくる」（幹部）と不満げだ。

◇

「一九四〇年体制」。戦時体制下の四〇年代初めに発足した鉄鋼、電気機械など業種ごとの団体が今も業界団体として力を持つ産業構造を、一橋大学名誉教授の野口悠紀雄はこう名付けた。中国が工業化した九〇年代、リーマン・ショックが起きた二〇〇〇年代――。野口は「時代の節目で日本は四〇年体制を維持し、産業構造の転換を図れなかった」と見る。

グローバル化やＩＴの進展で競争の波に襲われる現在、再編統合や会費負担の問題から会員の脱退に歯止めがかからない業界団体も目立つ。「情報通信ネットワーク産業協会」（ＣＩＡＪ）は二〇一九年五月以降、事務方トップとなる専務理事の空席が続く。かつてはＮＴＴの前身、旧電電公社の主要取引先各社で構成していた団体だが、代々専務理事を出してきたＮＴＴが運営の中心から手を引いた。

財界総本山やＪＥＩＴＡによる組織改革は、将来の「業界団体サバイバル」も見据えている。

Q&A

Q　業界団体、経団連の成り立ちは？

A　戦時下に効率的に生産増強を図るため、一九三八年に制定された国家総動員法などに基づき、政府主導で鉄鋼、自動車、化学工業といった主要な業種で統制会が作られた。戦後、各統制会は解散し、それぞれ業界団体として生まれ変わり、統制会の上部組織だった「重要産業協議会」は経団連として発足した。その後も、航空や通信、エレクトロニクスといった新たな産業が成長すると、業界団体も次々と生まれた。

Q　現在の経団連は？

A　大手企業を中心に約一四〇〇社と、約一五〇の業界団体が加盟する。首脳級ポストの副会長は現在一八人で、金融、商社、鉄鋼、自動車など主要業界の出身者が占め、事実上の「業界枠」がある。政府に提出する税制改正や規制改革といった要望は業界団体単位で集約するほか、政治献金や各種の寄付金は業界団体ごとに割り振られる。

4　談合　自首はファクスで

過去最高の約四〇〇億円の課徴金が道路舗装各社に科された「アスファルト合材カルテル事件」。

舞台となったのは、日本アスファルト合材協会に加わる大林道路、前田道路、鹿島道路など大手九社の部課長級担当者で作る定期的な会合、「九社会」だった。道路舗装用合材の販売価格を引き上げるカルテルを結んだとして、二〇一九年七月に公正取引委員会が独占禁止法違反による課徴金納付命令を出した。対象がNIPPOを除く八社となったことには理由がある。「課徴金減免制度」である。

経産省・公取委と業界の構図

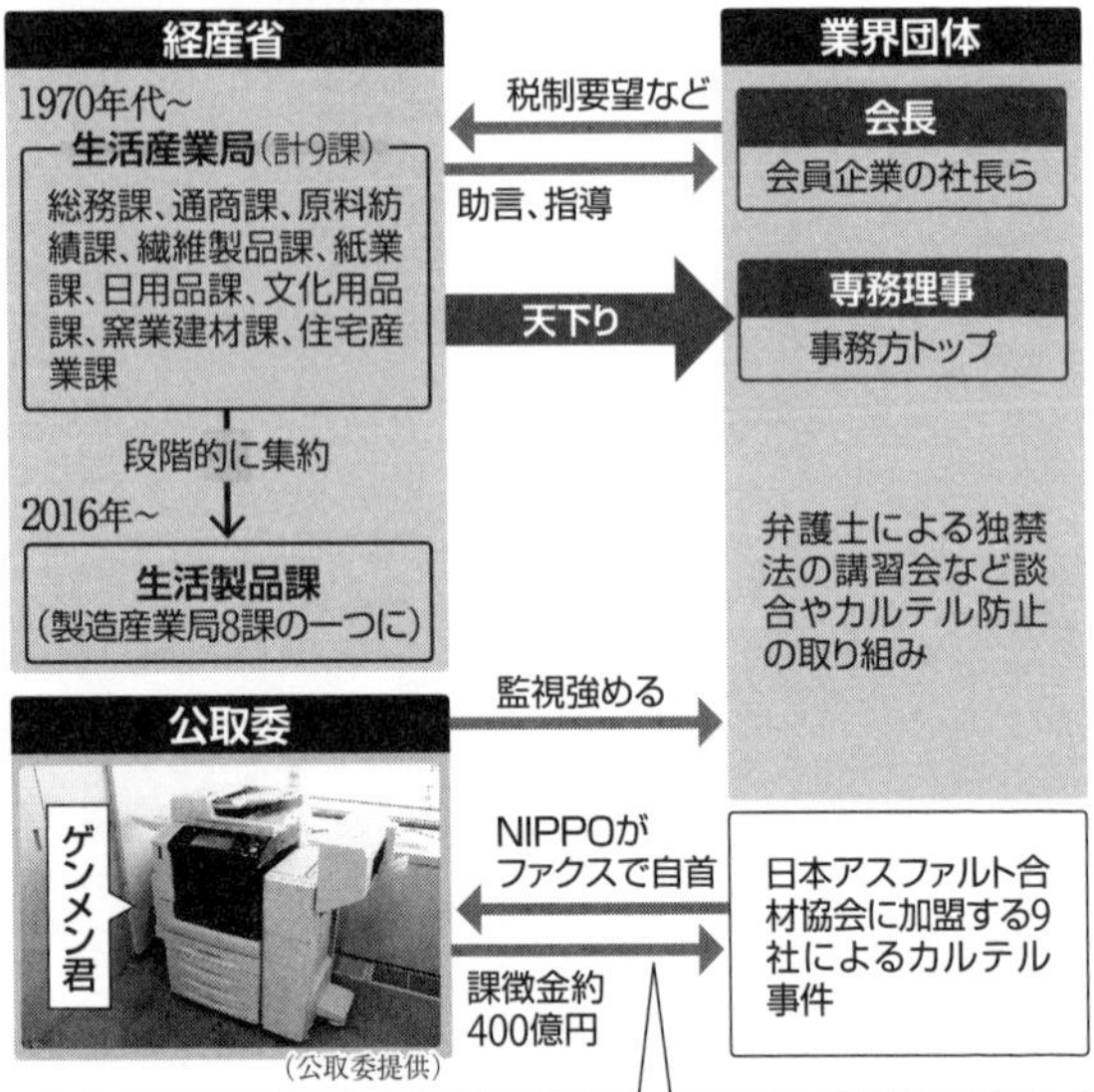

課徴金減免制度（最大5社まで）

申告順位	減額率	
1位	100%	NIPPO
2位	50%	日本道路
3～5位	30%	前田道路、世紀東急工業、東亜道路工業
―	0%	大成ロテック、鹿島道路、大林道路、ガイアート

談合の当事者である企業が不正を自首すれば、課徴金の減免を受けることが出来る。NIPPOは最初に自首した。限られたメンバーにより密室で行われ、外部からの実態把握が極めて難しいとされる談合の発覚に大きな威力を持つ。東京・霞が関の公正取引委員会八階の小部屋には、その唯一の窓口となる一台のファクスがある。数人しか出入りが許されない小部屋の主、課徴金減免管理

官の山本慎らは親しみを込めて、「ゲンメン君」と呼ぶ。

「ゲンメン君が受信する順番が制度の肝」（山本）となる。談合グループのなかで最初に申告したと認められれば、減額される課徴金は公取委による調査開始前なら一〇〇％。二番目は五〇％、三番目は三〇％と低くなり、五番目まで対象になるからだ。ゲンメン君が用紙を受信すると自動的に時刻が印字され、パソコンで記録する。送受信時刻を変更しやすい電子メールや、時刻を記録として残しづらい電話は自首手段として認められていない。

◇

一九八〇年代には独禁法違反事件の三分の一に直接関与し、「談合の温床」と批判された業界団体のあり方をも、減免制度は変えつつある。二〇〇六年の導入時は「密告制度だ」として反対一色だった産業界や各業界団体も、ファクスの送付を促す。一八年度末までに一二三七件、四日に一件のペースでファクスが届いた。アスファルト合材カルテルのほか、大手ゼネコン四社による「リニア中央新幹線の建設談合事件」など、近年の大型談合事件の裏にはゲンメン君の存在がある。大手弁護士事務所、西村あさひ法律事務所で独禁法を専門とする小林和真呂は指摘する。「株主代表訴訟のリスクも考えると、企業は減免制度を利用せざるを得ない」

一八年六月、リニア事件を受けて、大林組は二〇〇六年に定めた「独禁法遵守プログラム」を見直した。その一つが「懇親会禁止」。同業者が同席する懇親会への参加は原則禁止となる。日本建設業連合会など、業界団体が公式行事として主催する懇親会でも、事前に社内で承認手続きが必要となった。業界団体は、業界の結束と談合防止のはざまで揺れる。

◇

一九七九年に出版され、六〇万部超のベストセラーとなった『ジャパン・アズ・ナンバーワン』。日本は六八年にGNP（国民総生産）で西ドイツ（当時）を抜いて世界二位となり、一位の米国を抜くかのような勢いがあった時代だ。著者の米ハーバード大学名誉教授エズラ・ボーゲルは作中で、戦後日本による高度成長の要因の一つに通商産業省（現、経済産業省）と業界団体の密接な関係を挙げた。「通産省が常に業界全体の意思を反映しつつ行動する」「業界とそれに対応する通産省の各部門のすべての人は関係があり、一体感を持っている」

その経産省と業界団体の関係も変わりつつある。製造産業局生活製品課の課長補佐、山岸航は、毎年一月、課員数人で手分けして四〇程度の賀詞交歓会に出席するのが恒例行事となっている。同課が所管・担当する業界団体は「省内最多」（幹部）の三五〇にも上る。

高度成長期にあった生活産業局は九課体制だったが、その後再編を経て、二〇一六年に繊維、紙業服飾品、日用品といった三課などが「生活製品課」に統合・集約され、それに伴って各課室が所管する業界団体の数も膨らんだ。その分、各団体との日々のやりとりは減り、結びつきは希薄化しつつある。

官が産業政策や補助金を通じて業界と関係を深め、退官後は事務方トップの「専務理事」などとして天下る。古巣に顔が利く専務理事の存在は業界の利益にもつながる。長年、続いた構図は、二〇〇八年施行の改正国家公務員法で様変わりした。省庁による再就職のあっせんを禁止する「天下り規制」だ。退職者は原則、再就職先を自ら探す。

一九年、幹部級で退官したＯＢは退職のあいさつで、ある業界団体を訪れた際、代表者から理事ポストへの就任を打診された。すでに大手メーカーへの再就職が決まっていたため、その場で断ったが、「民間より報酬が低く、再就職先として人気はない」と話す。

会員数や会費収入が減少する業界団体は、天下り幹部の報酬を賄いづらくなっている。一方、高額報酬が期待できる企業の社外取締役に人気が集まり、人材サービス大手「ビズリーチ」に登録している有力省庁のＯＢが増えているという。

Q&A

Q　課徴金減免制度とは？

A　公正取引委員会の立ち入り検査や強制調査を受ける前後に、企業が談合やカルテルを自主申告すれば、課徴金が減免されたり、刑事告発を免れたりする制度。英語で「寛大」や「慈悲深さ」などを意味する「ｌｅｎｉｅｎｃｙ」に由来して、リーニエンシー制度とも呼ばれる。欧米でも導入されている。日本では、二〇〇六年施行の改正独占禁止法で定められた。

Q　効果は？

A　一七年に発覚したリニア中央新幹線の建設工事をめぐる大手ゼネコン四社の談合事件では、大林組と清水建設が談合を自主申告し、解明のカギとなった。減免制度を利用せずに課徴金を科され損失が出たとして、株主が損害賠償を求める株主代表訴訟を起こすケースもある。

減額率は原則として申告の順番で決まるため、申告後に非協力的な態度に転じる企業も少なくない。一九年の通常国会で独禁法が改正され、先着順に加え、公取委の調査に企業が協力する度合いに応じて、減免額を決める「裁量型」の導入が決まった。二〇年内にも施行される予定だ。

5 減税の裏にロビイスト

業界団体などが、政府や省庁、議員に働きかけて自らの政策実現を図るロビー活動。一九世紀の米国で、大統領が喫煙のために訪れるホテルのロビーで陳情者が待ち受けたことが語源とされる。

二〇一八年秋、自動車大手一四社で作る日本自動車工業会（自工会）の担当者三人はロビー活動で例年にも増して大忙しとなった。焦点は、自動車税の恒久減税。議員会館にいる議員に資料をもって説明に行き、自民党の部会や税制調査会では、自工会の立場を繰り返し説明した。「日本は、自動車ユーザーに世界一高い税金を負担させている」

結局、同年一二月に決まった一九年度の税制改正大綱で、自動車の所有者が毎年納める「自動車税」について、一三〇〇億円規模の恒久減税措置が盛り込まれた。自工会会長の豊田章男（トヨタ自動車社長）は同月の記者会見で「勝利」を宣言した。「自動車税に歴史上初めて、恒久減税の決断をいただいた」

自工会は、政官財への影響力の強さから「日本最強のロビー団体」と称される。一九七〇年代からワシントンにも自前の事務所を構える。東京の事務局約一〇〇人の職員全員が生え抜きで占められ、業務統括部で、税制に関するロビー活動を担うのは三人。自社でも渉外担当を抱えるトヨタなどと合わせれば、業界全体のロビー体制は数十人規模となる。業界団体として、資金力も随一である。自民党の政治資金団体「国民政治協会」への献金額は八〇四〇万円（二〇一八年）で、一七年連続で首位となった。これとは別にトヨタの六四四〇万円を筆頭に、自工会会員一二社の献金総額は約二億四〇〇〇万円に達する。

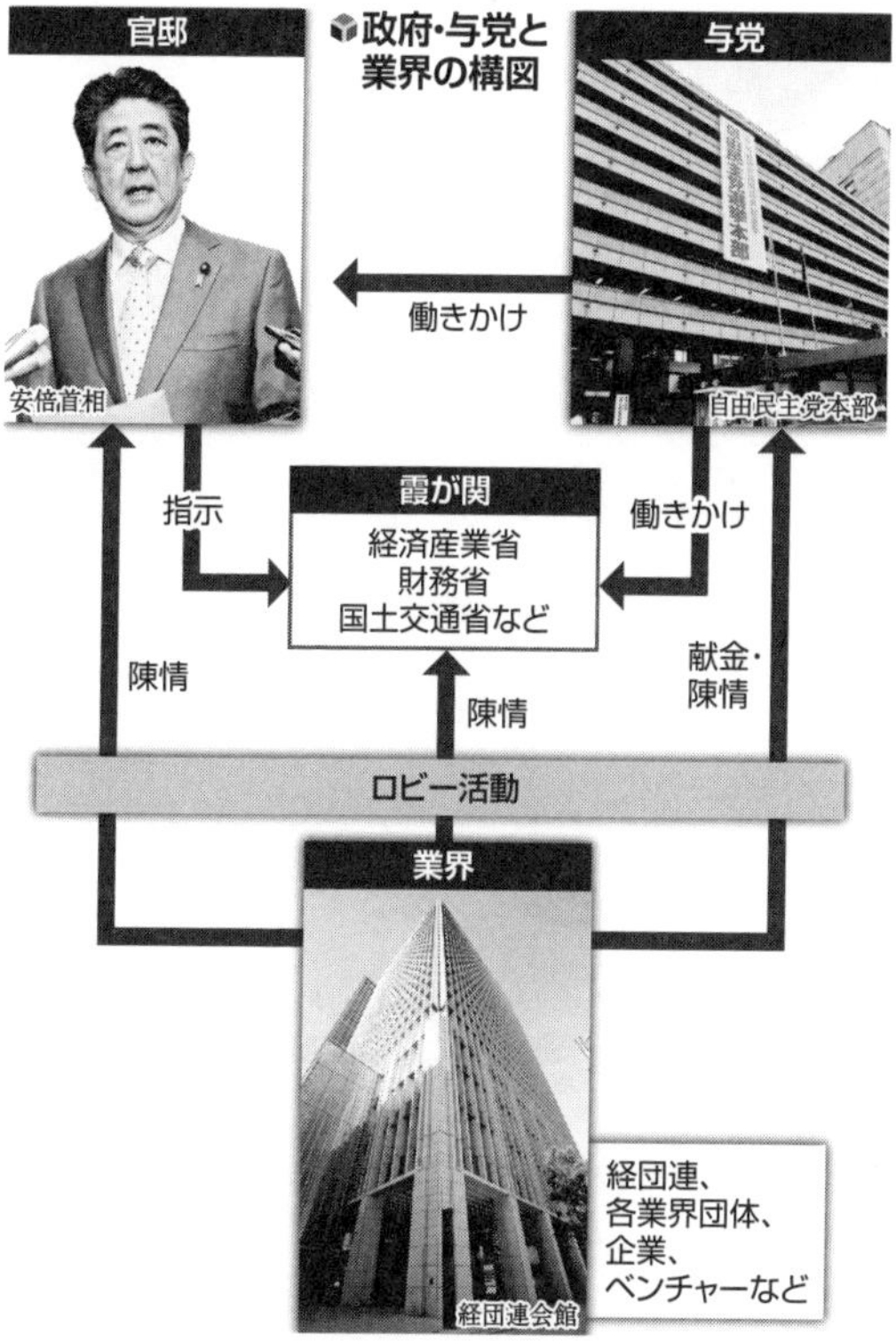

政府・与党と業界の構図

◇

「ロビー大国」の米国では、ロビイストは法律で登録制度が定められ、総数は約三万人に上る。企業などが支出するロビー費用の総額が三〇〇〇億円規模（一七年）に達し、政策や法律がお金でゆがめられているとの批判が強まる。

同様の制度はなく、ロビー活動の法的裏付けが薄い日本ではなおさら、多くの業界団

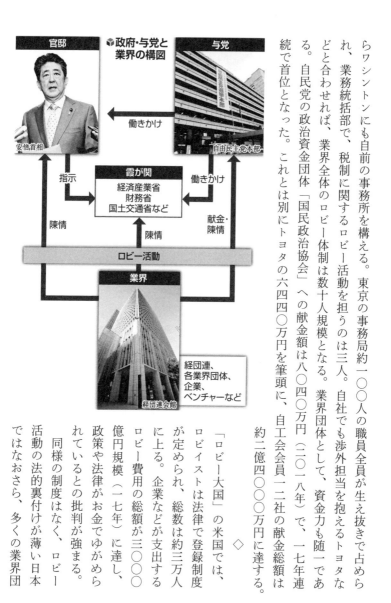

体や大手企業がロビー活動専門の担当者を置き、あの手この手で行う「陳情」に、否定的な受け止めが根強い。一九九〇年代に発覚した大蔵省（現、財務省）官僚に対する過剰接待問題で、接待を仕掛けたのが各金融機関のMOF《モフ》担だ。MOFは、大蔵省の英訳「ミニストリー・オブ・ファイナンス」の略で、立ち入り検査の日程などを事前に入手するため、密接な関係を保つことを業務とする担当者を指す。接待問題は汚職事件に発展し、MOF担は姿を消したかに見えた。

今、「MOF担」が名前を替え、その役割を担う。一九年二月一四日、生命保険業界を襲った「バレンタイン・ショック」。法人税の節税効果をうたう経営者向けの保険商品（節税保険）について、財務省の外局にあたる国税庁が商品性を問題視していることが判明し、各社は事実上の販売停止に追い込まれた。二か月後、国税庁は、同商品をめぐる新たな税務ルールで、過去の契約分まで遡って適用しない案を示した。その二か月間、官庁や政治家に頻繁に通ったのが、大手生保の「調査部」部員だったとささやかれる。

◇

新しいロビイングを模索する動きもある。一九年一二月中旬、自らロビイストと名乗る石山アンジュは、自民党の若手国会議員らと福島県いわき市の台風被災地を訪れた。二か月前に襲った台風一九号の復旧現場で、家事の代行や子守などを企業やボランティアが担うことができないか検討するためだ。可能だと判断すれば、政府に事業化を働きかける。

政策決定に関与できる与党議員とロビイストが手を組むのは異例だ。衆院で当選三回、同党青年局長を務める小林史明は「問題を抱える人を見つけて、解決しようという形に政治家も変わってきている。従来型の陳情やロビー活動では政治に響かない」と話す。

石山は、ITやベンチャー企業など三〇〇社超で作る業界団体「シェアリングエコノミー協会」の事務局長。民泊やライドシェアだけでなく、生活のあらゆる場面に個人同士がスマートフォンなどを通してサービスを提供しあう「シェアリング」を活用できるよう、規制緩和や法制化を目指す。

国土交通省や厚生労働省など五省庁、計八の会議で委員を務めてきた。一九年一一月の全世代型社会保障検討会議では、向かいに座る首相の安倍晋三に、「シェアリングの活用は、人と人、人と地域のつながりをテクノロジーによって生み出す」と訴えた。社会全体が抱える課題解決を目指し、その結果、政策が実現すればいい。石山は「ロビイング二・〇」と呼び、あえてメディアや審議会といった表舞台に立つ。

業界の垣根が消え、あり方自体が変容する業界団体。その大きな存在意義の一つであるロビイングの手法も問われ始めている。

Q&A

Q　ロビー活動とは？

A　特定の主張や利益の実現を図るために政府や政治家、官僚らに働きかける活動を指す。その活動を担う人をロビイストと呼ぶ。企業や業界団体の渉外担当者らが多い。地方自治体の首長や職員が東京・霞が関の各省庁や国会議員に対して行う陳情も、広い意味でロビー活動の一環と考えられている。専門に請け負う会社もあり、「新日本パブリック・アフェアーズ」が知られている。

Q　米国の状況は？

A　ロビイストの存在感が大きく、政府の職員からロビイストに転じたり、その逆のパターンも多い。双方を行き来することを回転ドアと呼ぶ。銃による重大犯罪が相次ぎながらも規制が進まないのは、全米ライフル協会による強いロビー活動の影響ともされている。

（二〇二〇年一月二九日掲載）

インタビュー

業界団体の現状や役割、将来像について、一橋大学名誉教授の野口悠紀雄氏、石油業界団体と中小企業団体のトップを兼ねる森洋氏、電子情報技術産業協会（JEITA）専務理事の長尾尚人氏にそれぞれ聞いた。

存在意義や役割ない

一橋大学名誉教授　野口悠紀雄《のぐちゆきお》氏（七九）

日本の業界団体に、存在意義や役割は何もない。むしろ、新しい技術やビジネスモデルの導入など、いろいろな進歩を阻害している。

業界団体の役割は時代とともに変わってきた。元々、戦時下で挙国一致のために作られたが、戦後、経団連は、自由主義経済の促進を目指した。一九六〇年代、政府が特定の業種を支援する産業政策をとろうとしたところ、当時の経団連会長だった石坂泰三が、政府が企業活動への介入を強めることに明確に反対姿勢を示した。高度経済成長期も、日本の製造業は強く、政府のコントロールは制約にもなった。

しかし、二〇〇八年のリーマン・ショック以降、大きな痛手を受けた製造業は弱体化し、政府に援助を求めるようになった。業界や業界団体の力を弱めることにつながった。政府の支えにより、本来、退出すべき生産性の低い業界が生き残ってしまった。

米国のグーグルやアマゾン・ドット・コムなど巨大IT大手「GAFA」は、政府の保護や補助金によってではなく、市場で競争してきた結果、成長してきた。日本も、市場メカニズムにおける競争により、生産性の高い事業や企業が生き残るという形で、産業構造を大きく変えるべきだった。中国の工業化を前提にすれば、先進国の発展には高度サービス産業を伸ばすことが必須だからだ。

今必要なのは、国民一人ひとりが危機感を持つことである。

事業者の声を集約する役割は重要

全国石油商業組合連合会長
全国中小企業団体中央会長　森洋《もりひろし》氏（七七）

全国二万三〇〇〇のガソリンスタンド（GS）、二七〇〇万の中小企業事業者の声を政治に直接届けることが、二つの業界団体のトップを務める自分の最大の役割だ。一事業者では届きづらい声や直面する問題を集約する業界団体の役割は一段と重要性を増す。

法律や制度を作るのは政治であり、最終的には政治や政治家の力がどうしても必要になる。政治家と業界団体は癒着するのではなく、「国のため」という共通した思いがあって互いに手を携えて

いる。政治家に声を届ける時は、業界の思いとして献金も必要だ。

GSは、災害による大規模停電の際でも石油を供給でき、地域住民の防災拠点となる。災害時の燃料供給を目的とした自家発電機設置の補助事業では二〇一九年一二月、一七〇億円と想定以上の政府予算案になった。

また、全雇用者の七割を支える中小企業が元気にならないと経済再生は果たせない。中小企業の生産性向上に向けた補助事業も、計三六〇〇億円の予算案となった。何としても国土強靱《きょうじん》化と経済の好循環を達成したいという政府の期待の表れと受け止めている。

一九年九月、私が地元・神奈川県横須賀市で後援会長を務める小泉進次郎・衆院議員が環境相に就任した。ガソリン業界に重い負担が予想される「炭素税」では、環境省と石油業界は逆の立場。小泉氏の就任は予想外でもあったが、後援会長という立場とは関係なく、是々非々で議論や対話を進めたい。

他産業と協力し変化を促す

JEITA専務理事　長《なが》尾《お》尚人《ひさと》氏（六四）

電機の業界団体の役割は、同業者で集まり、高品質な製品を安価に大量に作るための規格を作りあげることだった。集まる企業は、優れたものづくりの能力があった。モノが少ない時代は、その力が国民や世界の幸福度を上げることにつながった。

しかし今は違う。情報化社会に入り、モノやサービスをどう使っていかに暮らしを豊かにするかが、企業に問われる。同業者だけで集まっていても、生産性は高まらない。JEITAも存在意義を見直す必要に迫られ、事実上、全業種に会員資格を広げた。

経済産業省にいた当時、高度経済成長が終わって、従来の業界団体は使命を終え、バブル崩壊で組織が変わらざるを得ないと思っていた。

狭い世界で私的利益を追うだけでは生産性は低く、日本は負ける。

世界中の人々の生活や、企業の利益、その全部に貢献するメカニズムをつくることが必要となる。（あらゆるモノやサービスがネットにつながる）IoTの時代、日本の電機業界が中心となり、他産業と発想を組み合わせることで、デジタル化が進んだ未来の街や工場システムの設計に携わり、価値を高められる。業界団体が企業に変化を促すことも重要だ。

単なる「家電見本市」から技術展示会に変化したシーテックは今、ビジネスモデルの「志」を見せる場になっている。優秀な人材は海外に流出し始めている。日本にも志が高い世界があることを、学生や若者に見せていきたい。

あとがき

東京・大手町の経団連会館。「財界総本山」を正面から見上げると、両翼を広げ、階下を見下ろすフクロウの像が目に留まる。目の前を走る「日比谷通り」は、大手町を起点に金融センター・丸の内を抜け、霞が関の官庁街を横目に港区芝まで続く。ビジネスの大動脈を行き交うサラリーマンを見守るフクロウ像は、日本経済の行方も案じているかのようにみえる。

この像は、第一一代の経団連会長（二〇〇六年～一〇年）を務めた御手洗冨士夫氏（キヤノン会長）が退任時に寄贈したものだ。フクロウは、「知恵の象徴」といわれ、政策集団のシンボルとして選ばれた。

あれから一〇年。経団連は、フクロウ像に込められた理想の姿に近づけているだろうか。

本書は、読売新聞経済部が二〇一八年秋から続けている連載「解剖 財界」を大幅に加筆修正したものだ。同年春、日立製作所会長の中西宏明氏が第一四代の経団連会長に就いた。豊富な国際経験と、日立を立て直した経営手腕から、「財界総理」の名にふさわしい大物として国内外から大きな期待が寄せられた。

中西会長の動きは速かった。根回しなしの直球発言で国民的な議論を巻き起こし、形骸化していた就活ルールの廃止を導き、政府が賃上げを要請する「官製春闘」にピリオドを打った。これだけに終わらない。見つめる先には、日本的経営の打破がある。新卒一括採用、年功序列と終身雇用が特徴の雇用慣行。同じ業種なら同じ賃上げ額を求めて全体の底上げを優先する春闘。これらが高度成長期を支えてきたのは間違いない。

しかし、中西会長の目には、日本型の横並びシステムは弊害の方が大きくなっていると映る。「同じような事業構成の企業が同じように競争して、それなりに栄えた時代は終わった」

実際、日立をみても、売上高のうち家電の占める割合はわずか五％に過ぎない。かつては電機メーカーとして松下電器産業（現、パナソニック）やソニーと抜きつ抜かれつの競争をしてきた。しかし、事業ポートフォリオの変化に伴い、ライバルは変遷し、少し前は米ゼネラル・エレクトリック（GE）、今は「独シーメンスvs日立」の構図だ。

集団が同質でなくなったことで、「業界団体」も変貌を余儀なくされている。中西会長は、「〝業界〟という枠組みが崩れた今、経団連が業界の利益を代弁することはもうない」と言い切る。

利益集団として海外でも名をはせた「KEIDANREN」はどこにいくのか。業界は溶けてなくなってしまうのか。本書は、戦後から変わらぬ日本型システムと、それを支えた業界団体が制度疲労を起こしていないか、という点から検証を加えた。経団連、経済同友会、日本商工会議所の

「経済三団体」はもちろん、三菱、三井、住友など財閥という集団。全国津々浦々に張り巡らせている商工会や、中小企業を取りまとめる全国中小企業団体中央会も取材した。

また、現在の東京商工会議所の初代会頭を務め、新一万円札の顔となる渋沢栄一氏の業績と理念をひもとき、改めて日本の資本主義を見つめ直した。経済政策や日本経済の今後について考える参考となれば幸いである。

「財界本」というと、熾烈《しれつ》な会長レースの裏話や大物「財界総理」の立志伝が定番だった。本書では、財界を中心に置き、「政」と「官」との新たなトライアングルが織りなす政策決定の現場を丹念に取材した。安倍一強が続く政治と、それを取り巻く財務省を中心とした官僚の様子は、前書『インサイド財務省』（中央公論新社、二〇一九年）で詳しく報告した。財界の視点を加えた本書を合わせ読むことで理解が深まるはずだ。最近すっかり減ってしまったニュースと同時進行で舞台裏を描いたノンフィクションとしても、貴重な一冊だと自負している。

執筆にあたっては、経済部内に「解剖 財界」取材班を編成した。山下福太郎記者がキャップを務め、中島千尋、小野卓哉、田中俊資、吉田昴、照沼亮介の各記者が取材と執筆にあたった。原稿の取りまとめは、越前谷知子経済部次長が担当した。

書籍化に向けて、きめ細かいご指導をいただいた中央公論新社書籍編集局学芸編集部の宇和川準一氏に感謝したい。

二〇二〇年は、新型コロナウイルスの感染拡大を受け、世界経済に暗雲立ちこめる幕開けとなった。フクロウは、暗闇を見通せる大きな目を持ち、首を回転させて後方の警戒も怠らない。中西経団連は、わずかな経済変化を見逃さず、政府と連携して景気の落ち込みを防ぐことが求められる。これからが中西改革の本番である。我々もさらに取材を続けたい。

二〇二〇年四月

読売新聞東京本社経済部長　矢田俊彦

カバー写真　経団連ビル（提供・読売新聞社）
装　幀　中央公論新社デザイン室

検証《けんしょう》 財界《ざいかい》
中西経団連《なかにしけいだんれん》は日本型《にほんがた》システムを変《か》えられるか

2020年 4 月25日　初版発行

著　者　読売新聞経済部《よみうりしんぶんけいざいぶ》
発行者　松 田 陽 三
発行所　中央公論新社
〒100-8152　東京都千代田区大手町1-7-1
電話　販売 03-5299-1730　編集 03-5299-1740
URL http://www.chuko.co.jp/

ＤＴＰ　今井明子
印　刷　大日本印刷
製　本　大口製本印刷

Published by CHUOKORON-SHINSHA, INC.
Printed in Japan　ISBN978-4-12-005301-6　C0030

定価はカバーに表示してあります。
落丁本・乱丁本はお手数ですが小社販売部宛にお送りください。
送料小社負担にてお取り替えいたします。

既刊より

インサイド財務省

読売新聞経済部 著

もはや財務省に「最強官庁」と謳われた面影はない。官邸に遠ざけられながら、悲願の消費税増税をめざす舞台裏で何が起こっていたのか。そしてエリート官僚は何を読み違えたのか。失墜の「リアル」を描きだす。

中央公論新社